스스로 학습, 스스로 평가하는

基本生活漢字

기 본 생 활 한 자

최수도 엮음

문화관광부
추천도서

明文堂

머 리 말

요즘 국내의 경기가 회복됨에 따라 자녀를 유학 보내는 붐이 일고 있는 현실을 보고 퍽 개탄한다.

우리말조차 다 알지 못하는 처지에서 유학을 보내면 첫째, 언어 소통이 되지 않아 학교 공부는 소홀하게 되어 자포자기, 결과적으로 나쁜 방향으로 빗나가는 유학생이 증가하고 있는 현실을 안타깝게 여긴다.

무엇보다 중요하게 생각되는 것은 어릴 때부터 올바른 인간으로 만들어 놓고서, 다음 일을 계획하여도 늦지 않다고 여겨지기 때문이다.

따라서 조기영어 교육보다는 한자 공부부터 먼저 시키면 첫째, 우리말의 언어를 이해하는 데 도움이 되고, 둘째, 낱말을 풍부히 활용하는 데 도움이 되고, 셋째, 새로운 말을 만들어 내는 데 도움이 되고, 넷째, 창의성 배양에 도움이 되고, 다섯째, 사람의 성품과 예의범절 소양에도 도움을 주고, 여섯째, 외국어를 해석하는 힘을 길러 주게 되는 등, 즉, 한자 교육으로 두뇌를 발달시켜 주는 역할을 해 준다(체험으로 입증)는 사실이다.

한자 공부를 통하여 일석사조(一石四鳥)의 지름길임을 강조하고자 한다. 즉, ①생활 낱말을 풍부하게 활용되는 지름길, ②도덕성, 예절성 배양의 지름길, ③대학 입시 때 논술고사를 대비하는 지름길, ④외국어(일본어·중국어)를 해석하는 힘을 얻어지는 지름길이 된다는 사실을 여러분께 알리고자 한다.

끝으로 이 책이 여러분의 한자 공부에 좋은 길잡이가 되리라고 믿으며 부디 옛 선비정신을 이어받도록 분발하기 바란다.

2000년 월
엮은이 씀

차 례

머리말 / 3

가훈(家訓) 제정 게시의 예(例) / 8

학습 계획 세우기 / 9

네 단계로 익히는 한자 학습법이란? / 11

카드 만들기 요령 / 13

카드놀이의 요령 / 15

한자 학습 내용 총집계표 / 16

1과정 첫째 단계 학습 · 17

        108자 한자 집계표 / 19

        ①~⑨ ㄱ. 읽기(필순) 공부 / 20~36
                 ㄴ. 쓰기 공부 / 21~37

   둘째 단계 학습 · 38

        힘다루기(100문제) / 39

   셋째 단계 학습 · 43

        실력테스트(5문제) / 44

   넷째 단계 학습 · 46

        총정리(20문제) / 46

2과정 **첫째 단계 학습** · 49

　　　132자 한자 집계표 / 51

　　　⑩ ~ ⑳　ㄱ. 읽기(필순) 공부 / 52~72
　　　　　　　ㄴ. 쓰기 공부 / 53~73

둘째 단계 학습 · 74

　　　힘다루기(100문제) / 75

셋째 단계 학습 · 79

　　　실력테스트(5문제) / 89

넷째 단계 학습 · 82

　　　총정리(20문제) / 83

3과정 **첫째 단계 학습** · 85

　　　156자 한자 집계표 / 87

　　　㉑ ~ ㉝　ㄱ. 읽기(필순) 공부 / 88~112
　　　　　　　ㄴ. 쓰기 공부 / 89~113

둘째 단계 학습 · 114

　　　힘다루기(100문제) / 115

셋째 단계 학습 · 119

　　　실력테스트(5문제) / 120

넷째 단계 학습 · 122

　　　총정리(20문제) / 123

4과정 **첫째 단계 학습** · 125

    180자 한자 집계표 / 127

    ㉞~㊽ ㄱ. 읽기(필순) 공부 / 128~156
           ㄴ. 쓰기 공부 / 129~157

  둘째 단계 학습 · 158

    힘다루기(100문제) / 159

  셋째 단계 학습 · 163

    실력테스트(5문제) / 164

  넷째 단계 학습 · 166

    총정리 / 167

5과정 **첫째 단계 학습** · 169

    216자 한자 집계표 / 171

    ㊾~㊿ ㄱ. 읽기(필순) 공부 / 172~206
           ㄴ. 쓰기 공부 / 173~207

  둘째 단계 학습 · 208

    힘다루기(100문제) / 209

  셋째 단계 학습 · 213

    실력테스트(5문제) / 214

  넷째 단계 학습 · 216

    총정리 / 217

| 6과정 | **첫째 단계 학습** · 219

　　　　　　216자 한자 집계표 / 221

　　　　　㊻~㊽　ㄱ. 읽기(필순) 공부 / 222~256
　　　　　　　　ㄴ. 쓰기 공부 / 223~257

둘째 단계 학습 · 258

　　　　　힘다루기(100문제) / 259

셋째 단계 학습 · 263

　　　　　실력테스트(5문제) / 264

넷째 단계 학습 · 266

　　　　　총정리 / 267

- 정답란 / 269
- 한자(漢字) 찾기(1,008자) / 278
- 자음(字音) 찾기(1,008자) / 284
- 중요한 부수(部首) / 292
- 한자의 정자(正字)와 약자(略字) / 293
- 3박자 갖춘 새 가정학습법 공개 / 294

가훈(家訓) 제정 게시의 예(例)

　가훈은 가정의 전통성과 어른들의 지혜를 모아 제정해야 할 것이다. 가족은 인생의 선배이신 부모님의 뜻에 순종하는 미덕이 자랑이다. **국민의식 개혁 및 계몽 차원에서 가훈을 제정, 집집마다 게시하기를 촉구한다.**

<가훈 제정 게시의 목적>

① 화목한 가족들의 평소 생활목표가 되게 한다.
② 온 가족의 단결심과 삶의 질을 높이게 한다.
③ 하루 생활의 반성을 실천하게 한다.
④ 성실하고 절약하는 생활습관을 기르게 한다.
⑤ 자녀의 학습을 과외 아닌 가정학습으로 이끈다.

● **거실에 게시**(성년기)
　① **충효성** —부모님께 효도, 국가에 충성하자.
　② **협동성** —형제간에 서로 우애있게 지내자.
　③ **창의성** —새로운 아이디어를 먼저 생각해 내자.
　④ **겸손성** —남들에게 겸손한 마음씨로 대하자.
　⑤ **절약성** —근면과 절약하는 사람이 되어라.

● **공부방에 게시**(미성년기)
　① **충효성** —부모님께 효도, 국가에 충성하자.
　② **협동성** —형제간에 서로 우애있게 지내자.
　③ **면학성** —공부는 집에서 복습 위주로 익히자.
　④ **독서성** —어머님처럼 책 읽는 습관을 갖게 하자.
　⑤ **절약성** —부지런하고 절약하는 사람이 되자.

학습 계획 세우기

1. 어머니의 의식 개조부터

고사에 '맹모 삼천'이란 말이 있듯이 맹자의 어머니가 자식 교육에 온갖 고생과 정성을 다하였다는 얘기는 요즘 주부들에게 좋은 귀감이 아닐 수 없다.

자녀의 성장 과정에서 가장 중요한 시기는 초등학교 때이다. 이 때 가정에서 어머니가 가정 교육의 방향을 어떻게 정하느냐에 따라 어린이의 장래가 결정된다는 점을 강조하고 싶다.

자녀가 학교에서 귀가하면 그날 배운 것을 다시 복습케 함으로써 100% 이해하는 데 도움이 되기 때문이다. 따라서 학교 성적은 항상 상위권에 들어갈 것은 자명한 이치이고, 함부로 사설 학원에 보내게 되면 그만큼 부담감이 생겨 오히려 학교 성적은 저하된다는 것을 알아야 할 것이다.

그리고 어머니는 어린이 앞에서는 항상 모범적으로 책을 가까이하여 독서하는 어머니 상을 보여주도록 배려해야 할 것이다.

요즈음 우리말조차 다 알지 못하는 어린 자녀를 조기 영어 교육을 시키는 부모가 많다. 그럴 것이 아니라 먼저 한국인의 자질부터 육성하기 위하여 하루에 30분 정도 한자 교육을 실시함으로써 도덕성, 예절성을 배양하게 해주는 것이 어린이의 장래를 위하여 매우 현명한 가정 교육이라 할 수 있겠다.

무엇보다도 자녀에게는 어머니의 의식 개조로 가정 교육의 중요성을 깨닫고, 자녀의 장래에 보탬이 되는 방향으로 연구 검토가 되어야만이 현모양처의 길이 아닌가 사료된다.

2. 학습 시간

학교에서 귀가하여 휴식 시간 중 매일 30분을 활용, 한자 공부를 실시한다.

- **제1과정의 경우 108자 배당** : ○ 하루에 1자씩 공부(책임 학습)
  ○ 4개월(120일) 소요 예정

 * **월~토** : 매일 30분씩(책임 학습, 책임 완수)

* **토요일** : 총복습 하는 날(처음부터 익히기 복습)
* **일요일** : 쉬는 날(카드 만들기 및 친구와 함께 카드놀이)

● **학습 시간 전에 어머니가 할 일** : 만약 친구가 찾아왔을 때는 30분 후에 만나서 놀자고 부탁한다.

3. 준비물 :
○ 한문 공책(문구점 구입), 일반 공책(채점 때 사용)
○ 연필과 볼펜(검은색, 빨간색)

4. 학습 요령

공부방에서 시작 전에 1분 동안 명상(눈을 감고 책임 완수를 다짐하는 것) 실시 후 공부 시작.

㉠ 읽기, 필순 공부
○ 한자를 소리내어 읽기(세 번 이상)
  (한자 읽기는 **뜻**이 먼저, **음**은 뒤따름)
○ 필순에 따라 집게손가락으로 글자 위에 써 봄
○ **획** : 그은 줄

○ **획수** : 글씨 획의 수효 ─┬─ 一**획** : 한 번 그은 줄
                           ├─ 二**획** : 두 번 그은 줄
                           └─ 三**획** : 세 번 그은 줄

● **한자의 뜻과 음**

人 ┌ 뜻 : 사람   **읽기** ┌ 뜻이 먼저, 음은 뒤따른다.
   └ 음 : 인   └ 사람 인

㉡ 쓰기 공부
○ 한자를 소리 내어 읽기.
○ 필순(점선)에 따라 집게손가락으로 써 본다.
○ **책에 연습** : 연필로 연습(지우고 여러 번 연습)
○ **한문 공책에 연습** : 볼펜으로 쓰기 연습.

스스로 익히고, 스스로 평가되는 책
네 단계로 익히는 한자 학습법이란?

1. 첫째 단계 학습 (1과정, 한자 108자 배정)

읽기, 쓰기 ① ㉠ 읽기(필순) 공부 실시
　　　　　　　　㉡ 쓰기 공부 실시

- **학습 시간** : 매일 오후 휴식 시간 30분 정도 활용
- **학 습 량** : 능력에 따라 하루에 한두 자씩 책임 학습
- **소요 시간** : 배정된 108자 4개월(120일)에 정복될 예정

　매주 토요일 오후에 총복습을 하고 익혀 나가면서 그 사이에 공부한 한자는 꼭 카드로 만들어서 부모님, 또는 이웃 친구들과 함께 한자 카드놀이도 가끔 실시하도록 계획을 세우도록 하자.

2. 둘째 단계 학습 (1차 관문, 힘다루기 100문제 테스트 실시)

　1과정에 배정된 108자 한자를 모두 익히고 쓰기에도 자신이 있다고 판단이 되었을 때 실시할 것.
　처음부터 공부한 108자를 모두 활용하여 **숙어**(두 자 이상의 한자를 하나로 얽어서 새로 딴 뜻을 나타내는 글자)로 만든 **힘다루기 100문제**를 스스로 평가할 것.
　실시하여 채점한 결과 70점 이상일 때는 다음 2차 관문인 **실력테스트**에 응하되, 만약 70점 미만일 때는 첫째 단계 학습 과정 연습으로 108자를 다시 익히는데, 새로운 각오로 힘찬 노력을 기울여야 한다.

3. 셋째 단계 학습 (2차 관문, 실력테스트 5문제 테스트 실시)

　앞의 힘다루기를 채점한 결과 70점 이상으로 통과했을 때는 **실력테스트 5**

문제를 스스로 평가할 것.

   실시하여 채점한 결과 70점 미만이면 처음부터 다시 반복하여 익히는 데 힘써 나가야 한다.

4. 넷째 단계 학습(3차 관문, 총정리 실시)

   마지막 관문으로 각 과정마다 배정된 한자가 빠짐없이 얽어 넣어서 한자 모두가 나오는 **총정리**로 스스로 평가하도록 한다.

   실시하여 채점한 결과 70점 이상이면 통과하는 것이고, 만약 미달이면 처음부터 다시 되풀이 총복습을 실시하여 철저히 익혀 나가야 한다.

   어디까지나 책임 있는 학습이 이루어져야 할 것이고 도중에서 포기하는 나약한 사람이 되어서는 아니되고 희망찬 내일을 위하여 자신의 노력을 아낌없이 발휘해 주기를 당부한다.

   이상과 같은 **네 단계로 익히는 한자 학습법**은 어디까지나 스스로 학습하고, 스스로 평가하게 만든 책으로 학습을 추진하는 과정에서 스스로 창의성을 기르게 되어 있는 점이 이 책의 특색인 것이다.

   아무쪼록 이 책이 많은 사랑으로 널리 보급되어서 정서 함양에도 도움이 되고 또한 윤리, 도덕성 배양에 많은 성과 있기를 기대하고자 한다.

카드 만들기 요령

○ **준비물** : 노란색·하늘색 마분지 각각 5장씩, 연필, 자, 가위, 사인펜 및 볼펜(검은색, 파란색, 빨간색), 노끈 1묶음.

1. 한자(한자 하나 쓴) 카드

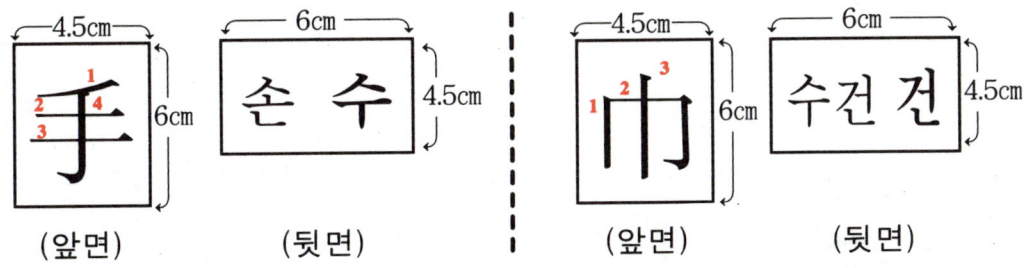

● 같은 카드 2장 만들기

노란색 1장 ⎫
하늘색 1장 ⎬ 색깔별로 각각 노끈에 묶어서 보관한다.

2. 한문(한자 두 자 이상 쓴) 카드

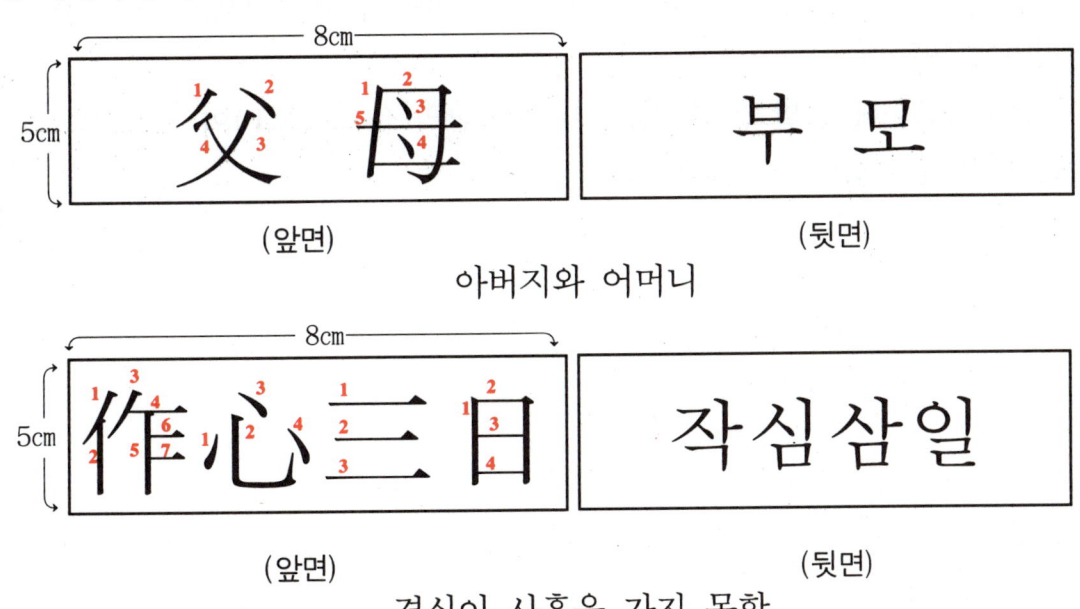

아버지와 어머니

결심이 사흘을 가지 못함

● **같은 카드 2장 만들기**

노란색 1장 ⎤
하늘색 1장 ⎦ 색깔별로 각각 노끈에 묶어서 보관한다.

○ 같은 크기의 카드 2장씩을 일요일마다 만들기로 하고 공부 시작한 지 2개월 정도 되는 날에는 각각 50장씩의 노란색 카드와 하늘색 카드가 모아진다. 이미 만들어진 카드가 각각 50~60장 정도가 되면 카드놀이를 할 수 있다.

< 한자 카드를 활용, 복습하는 요령 >

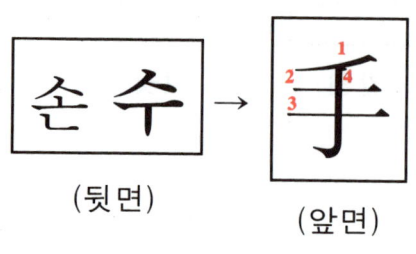

(뒷면)   (앞면)

한자 카드의 뒷면에 한글로 쓴 글(손 수)을 읽고는 그 글자의 한자를 한문 공책에 직접 써 넣도록 하는 공부이다.

그리고 쓴 한자가 카드의 앞면에 써 놓은 한자처럼 필순에 맞게 바르게 잘 썼는지 확인을 하면서 익혀 나가는 것이다.

앞으로 여러분이 한자 공부를 마치고는 곧 카드를 만들어 토요일마다 총복습을 할 때 위와 같은 요령으로 복습 때 활용하게 되면 많은 효과를 보게 되리라고 믿는다.

부디 꾸준히 분발하기를 바라며 작심삼일(作心三日)이 되지 않기를 바라는 마음 간절하다.

카드놀이의 요령

　이미 만들어진 카드가 각각(노란색, 하늘색) 60장씩 두 묶음이 되었을 때 비로소 카드놀이를 할 수 있게 되는데,
　*** 노란색 한 묶음**은 방바닥에 흩어지게 깔아 놓고,
　*** 하늘색 한 묶음**은 옆에서 보조자가 갖고 읽어 주면(카드의 뒷면 한글) 게임은 시작되는데 결과적으로 카드를 많이 찾는 사람이 승리자가 되는 것이다.
　문제는 방바닥에 흩어지게 깔아 놓은 카드를 한자(앞면)를 위쪽으로 하느냐? 아니면 뒷면 한글로 쓴 것을 위쪽으로 하느냐를 서로 의논하여 결정을 하여야 한다.
　즉, 게임의 참가자가 한자를 모두 알고 있을 경우에는 한자로 쓴 카드의 앞면을 위쪽으로 하여 흩어지게 깔아 놓으면 되는 것이다.

< 카드놀이로 인한 좋은 점 >

① 즐거운 시간으로 친목 게임을 할 수 있는 기회가 되었다.
② 한자를 익히는 데 도움이 되고 기억력도 신장된다.
③ 한문 공부에 흥미를 가지며 판단력도 동시에 길러 준다.
④ 한자의 뜻과 음 파악을 촉진시켜 준다.
⑤ 가정에서 가족 간에 함께 한자 공부하는 기회가 되었다.
⑥ 친구들에게 한자를 가르쳐 주는 좋은 기회가 되었다.
⑦ 카드 작성으로 정확한 한자 연습을 하게 되었다.
⑧ 일기장이나 편지에, 공부한 한자를 활용하게 되었다.
⑨ 나의 이름과 부모님의 성명까지도 한자로 알게 되었다.

※ 조기 영어 교육보다 한자 공부로 한국인의 자질부터 갖추자.

한자 학습 내용 총집계표

획순 \ 과정	六 과 정 별						합계	기초 한자 외에 이번에 새로이 선정한 실용 한자
	1	2	3	4	5	6		
一	1		1				2	
二	7	3		2			12	
三	14	1	2	4	5	1	27	巾$_1$
四	21	8	4	9	8	2	52	
五	11	18	11	7	5	6	58	札$_3$
六	16	11	11	10	4	11	63	
七	12	17	11	10	11	22	83	汽$_2$
八	20	10	13	18	23	19	103	卓$_3$ 垈$_5$ 拉$_5$
九	5	23	14	7	15	16	80	訃$_4$ 拷$_5$
十	1	17	22	24	13	13	90	俸$_4$ 託$_2$ 釜$_3$
十一		6	27	29	22	21	105	紹$_3$ 做$_4$ 徒$_4$ 彫$_6$
十二		7	15	25	34	16	97	週$_3$ 菓$_3$ 帽$_5$ 貰$_5$ 握$_5$ 竣$_5$ 診$_5$ 愉$_6$ 搜$_6$ 註$_6$
十三		5	13	13	28	6	65	煉$_3$ 嫁$_2$ 獅$_5$ 搬$_6$
十四		4	4	11	18	11	48	綜$_6$
十五			6	9	18	26	59	箱$_3$ 締$_6$ 鋪$_6$ 誼$_4$ 撤$_6$ 褒$_6$ 震$_6$ 閱$_6$
十六		1		2	12	18	33	憾$_5$
十七						9	9	購$_6$ 賻$_6$ 療$_6$
十八						6	6	曜$_6$
十九			1			8	9	蹴$_6$
二十						1	1	
二十一			1			1	2	
二十二						2	2	
二十三		1					1	
二十五						1	1	
총 계	108	132	156	180	216	216	1,008	숫자는 과정별 표기임. 44자

1과정 첫째 단계 학습

한자 108자 배정

1 ~ 2
- ㉠ 읽기(필순) 공부 실시
- ㉡ 쓰기 공부 실시

학습 시간 : 매일 오후 휴식 시간 중 30분 정도 활용
학 습 량 : 한자를 하루에 한 자씩 익히기
소요 시간 : 108자, 4개월(120일) 만에 정복될(마칠) 예정

● **읽기, 필순, 쓰기 공부**

① 읽기 : 한자 읽기는 뜻이 먼저이고, 음은 뒤따른다.

一 [한(하나의 뜻) / 일(한자의 음)] 읽기 → 한 일
　　　　　　　　　　　　　　　　　　(뜻) (음)

② 필순 : 글씨를 써 나가는 (자획의) 차례
　　　　책의 글자 위에서 집게손가락으로 필순에 따라 여러 번 연습을 할 것

③ 쓰기 : 필순에 따라 글자로 나타낼 것

　* 쓰기 연습
　　- 쓰기 공부 : 연필로 연습(지우고 또 연습할 것)
　　- 한문 공책 : 볼펜으로 연습할 것

○ **토요일** : 그날의 공부를 마치면 처음부터 익히기 총복습
○ **일요일** : 공부한 것 카드 만들기와 카드놀이 실시하는 날

● **쓰기(필순)에 유의할 한자**

女	母	出	北	弟	紙
계집 녀	어미 모	날 출	북녘 북 저버릴 배	아우 제	종이 지
(p. 20 참조)	(p. 26 참조)	(p. 28 참조)	(p. 28 참조)	(p. 32 참조)	(p. 36 참조)

● **공책에 정답표 만들기**

각 과정별로 학습이 끝나게 되면 힘다루기, 실력테스트, 총정리 등 평가를 실시할 때 정답표는 다음 보기처럼 일반 공책을 활용하여 만들어서 채점하도록 한다.

정답(채점)표 만들기

순	정 답	순	정 답
1		51	
2		52	
3		53	
⋮		⋮	
50		100	

● **1과정에서 나오는 한자의 성어와 숙어**

① 九死一生(구사일생)　② 十人十色(십인십색)
③ 公明正大(공명정대)　④ 右往左往(우왕좌왕)
⑤ 男女老少(남녀로소)　⑥ 文房四友(문방사우)
⑦ 作心三日(작심삼일)　⑧ 一刻千金(일각천금)
⑨ 人名在天(인명재천)　⑩ 見物生心(견물생심)

한자 부수의 변화

人 → 亻　　刀 → 刂　　邑 → 阝(오른쪽, 예:部)
阜 → 阝(왼쪽, 예:除)　心 → 忄　手 → 扌　支 → 攵
水 → 氵　火 → 灬　犬 → 犭　玉 → 王　示 → 礻
肉 → 月　艸 → 艹　衣 → 衤　辵 → 辶　長 → 镸

1과정 108자 — 한 자 집 계 표

획순별	획순별 학습 한자 내용													계
一	一													1
二	二	九	十	人	入	力	了							7
三	三	千	上	下	大	工	女	口	子	己	小	才	丈	㉿巾	14
四	牛	毛	心	少	日	父	之	公	天	文	友	不	分	中	21
	止	手	夫	午	升	斗	片							
五	四	生	由	左	右	母	正	央	兄	出	北				11
六	死	色	共	老	自	在	年	多	地	有	名	休	先	收	16
	西	合												
七	見	男	作	言	每	考	努	弟	完	住	決	形			12
八	物	往	刻	金	明	命	房	知	幸	姓	始	姉	妹	東	20
	直	來	所	拍	乳	忠								
九	苦	活	前	後	南										5
十	紙														1
합계															108

○표 속의 한자는 기초 한자 외에서 선정한 한자임.

1과정 첫째 단계 학습

1 - ㄱ 읽기 (필순) 공부

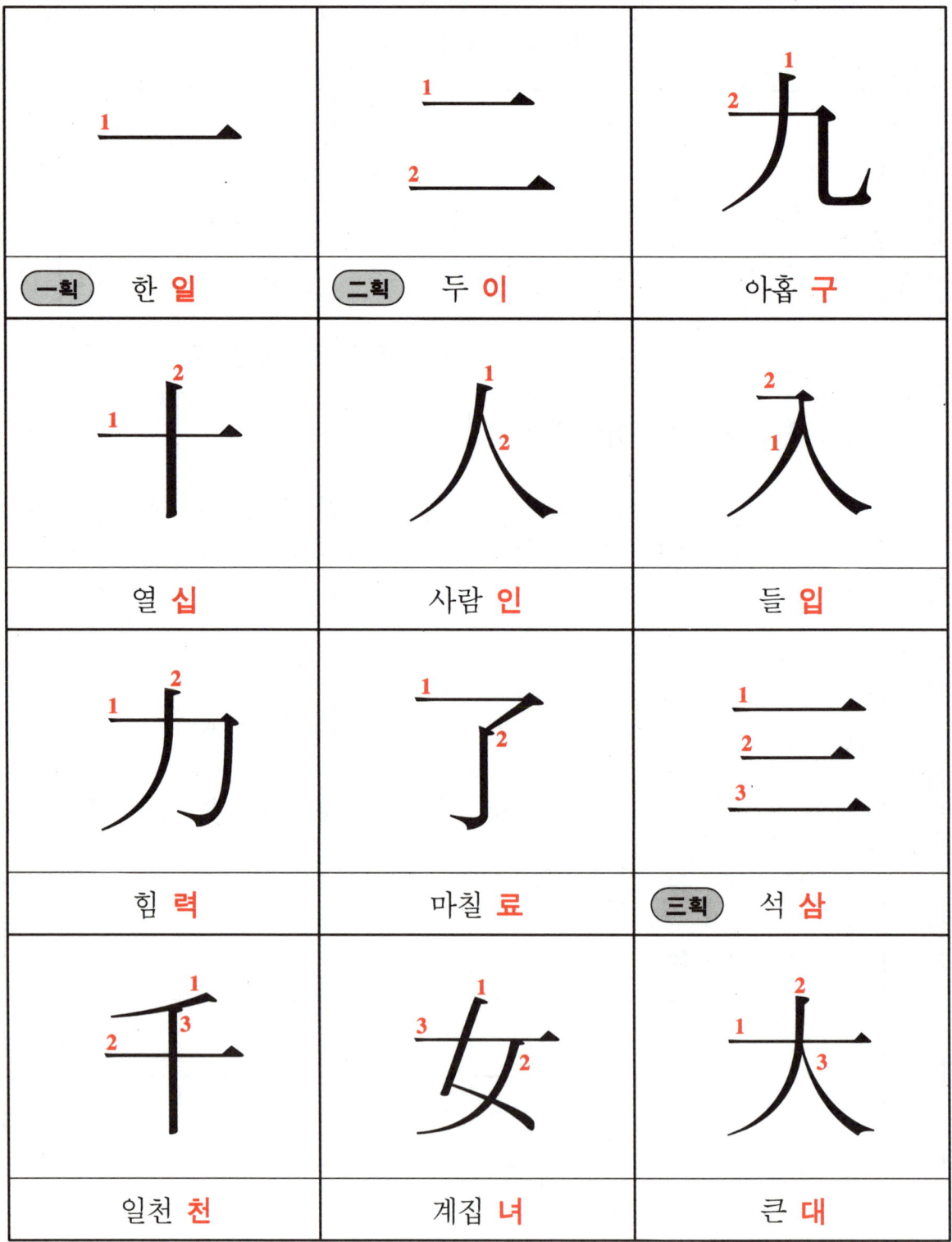

쓰기공부 1-ㄴ

연필로 연습

한자/음	필순		
一 일	一	一	
二 이	一 二	二	
九 구	ノ 九	九	
十 십	一 十	十	
人 인	ノ 人	人	
入 입	ノ 入	入	
力 력	フ 力	力	
了 료	フ 了	了	
三 삼	一 二 三	三	
千 천	一 二 千	千	
女 녀	く 女 女	女	
大 대	一 ナ 大	大	

읽기 (필순) 공부

己	上	下
몸 **기**	윗 **상**	아래 **하**
口	子	工
입 **구**	아들 **자**	장인(공업) **공**
才	小	丈
재주 **재**	작을 **소**	어른 **장**
巾	日	少
수건 **건**	四획 날 **일**	적을(젊을) **소**

쓰기 공부

한자	획순	쓰기				
己 기	ㄱ ㄹ 己	己	己			
上 상	一 卜 上	上	上			
下 하	一 丅 下	下	下			
口 구	ㅣ 冂 口	口	口			
子 자	ㄱ 了 子	子	子			
工 공	一 丅 工	工	工			
才 재	一 十 才	才	才			
小 소	ㅣ 小 小	小	小			
丈 장	一 ナ 丈	丈	丈			
巾 건	ㅣ 冂 巾	巾	巾			
日 일	ㅣ 冂 日 日	日	日			
少 소	ㅣ 小 小 少	少	少			

읽기 (필순) 공부

牛	心	毛
소 우	마음 심	털 모
父	之	公
아비 부	갈 지	공평할 공
天	文	友
하늘 천	글월 문	벗 우
不	分	中
아닐 불, 아닌가 부	나눌 분	가운데 중

쓰기 공부 3-ㄴ

↳ 연필로 연습

牛 우	ノ ⺊ ⺊ 牛	牛	牛		
心 심	ノ 心 心 心	心	心		
毛 모	ノ 二 三 毛	毛	毛		
父 부	ノ ハ グ 父	父	父		
之 지	﹅ 亠 ラ 之	之	之		
公 공	ノ 八 公 公	公	公		
天 천	一 二 チ 天	天	天		
文 문	﹅ 亠 ナ 文	文	文		
友 우	一 ナ 方 友	友	友		
不 불	一 フ オ 不	不	不		
分 분	ノ 八 今 分	分	分		
中 중	ノ 口 口 中	中	中		

1과정 첫째 단계 학습

④-ㄱ 읽기 (필순) 공부

手	夫	止
손 수	사내 부	그칠 지
午	片	升
낮 오	조각 편	되 승
斗	生	由
말 두	五劃 날 생	까닭 유
左	右	母
왼쪽 좌	오른쪽 우	어미 모

쓰기 공부

└ 연필로 연습

手 수	一 二 三 手	手	手			
夫 부	一 二 丰 夫	夫	夫			
止 지	丨 卜 ｢止 止	止	止			
午 오	ノ ㇒ 亠 午	午	午			
片 편	ノ ノ' 广 片	片	片			
升 승	ノ 二 ナ 升	升	升			
斗 두	丶 ㇒ 三 斗	斗	斗			
生 생	ノ ㇒ 㐅 牛 生	生	生			
由 유	丨 冂 冂 甶 由	由	由			
左 좌	一 ナ 广 左 左	左	左			
右 우	ノ ナ オ 右 右	右	右			
母 모	乚 口 母 母 母	母	母			

1과정 첫째 단계 학습 27

5-ㄱ 읽기 (필순) 공부

正	四	央
바를 정	넉 사	가운데 앙
兄	出	北
맏 형	날 출	북녘 북, 저버릴 배
死	色	共
六획 죽을 사	빛 색	함께 공
老	自	在
늙을 로	스스로 자	있을 재

쓰기 공부

5-ㄴ

↳연필로 연습

正 정	一 丁 下 正 正	正	正			
四 사	丨 冂 冂 四 四	四	四			
央 앙	丨 冂 冂 央 央	央	央			
兄 형	丨 冂 口 尸 兄	兄	兄			
出 출	丨 屮 屮 出 出	出	出			
北 북	丨 ㅓ 扌 北 北	北	北			
死 사	一 厂 歹 歹 歹 死	死	死			
色 색	丿 ク ク 각 刍 色	色	色			
共 공	一 十 卄 卄 共 共	共	共			
老 로	一 十 土 耂 耂 老	老	老			
自 자	丿 丨 冂 甪 自 自	自	自			
在 재	一 ナ 才 左 在 在	在	在			

1과정 첫째 단계 학습

6-ㄱ 읽기 (필순) 공부

年	多	地
해 년	많을 다	땅 지
有	名	休
있을 유	이름 명	쉴 휴
先	收	西
먼저 선	거둘 수	서녘 서
合	見	男
합할 합, 홉 홉	七획 볼 견, 뵐 현	사내 남

쓰기 공부 6-ㄴ

연필로 연습

年 년	ノ ㅏ ㅑ 乍 듀 年	年	年
多 다	ノ ク 夕 多 多 多	多	多
地 지	一 十 土 圵 地 地	地	地
有 유	ノ ナ 才 冇 有 有	有	有
名 명	ノ ク 夕 夕 名 名	名	名
休 휴	ノ 亻 亻 什 休 休	休	休
先 선	ノ ㅏ 屮 生 牛 先	先	先
收 수	ㅣ 丩 丬 圹 圹 收	收	收
西 서	一 丆 襾 丙 西 西	西	西
合 합	ノ 人 亼 合 合 合	合	合
見 견	ㅣ 冂 月 月 目 貝 見	見	見
男 남	ㅣ 冂 皿 田 田 男 男	男	男

1과정 첫째 단계 학습 31

7-ㄱ 읽기 (필순) 공부

作	言	每
지을 **작**	말씀 **언**	매양 **매**
孝	努	弟
효도 **효**	힘쓸 **노**	아우 **제**
完	住	決
완전할 **완**	머무를 **주**	결단할 **결**
形	物	往
형상 **형**	八획 물건 **물**	갈 **왕**

쓰기 공부 7-ㄴ

연필로 연습

作 작	ノ 亻 亻 𠂇 竹 作 作	作	作			
言 언	丶 一 亠 亠 言 言 言	言	言			
每 매	ノ ㇒ 仁 与 每 每 每	每	每			
孝 효	一 十 土 耂 耂 孝 孝	孝	孝			
努 노	乀 夕 女 如 奴 努 努	努	努			
弟 제	丶 丷 丛 쓰 쓰 弟 弟	弟	弟			
完 완	丶 八 宀 宀 宁 宇 完	完	完			
住 주	ノ 亻 亻 𠂇 住 住 住	住	住			
決 결	丶 冫 氵 汃 汁 決 決	決	決			
形 형	一 二 干 开 开 形 形	形	形			
物 물	ノ 𠂉 牛 牛 牛 物 物 物	物	物			
往 왕	ノ 丿 彳 彳 𠂇 行 往 往	往	往			

1과정 첫째 단계 학습 33

8 -ㄱ 읽기 (필순) 공부

刻	金	明
새길 각	쇠 금, 성 김	밝을 명
命	房	知
목숨 명	집 방	알 지
幸	姓	始
다행 행	성 성	처음 시
姉	妹	東
누이 자	누이 매	동녘 동

쓰기 공부

8-ㄴ

↳ 연필로 연습

刻 각	、 亠 亥 亥 亥 亥 刻 刻	刻	刻			
金 금	ノ 人 𠆢 仒 仐 余 金 金	金	金			
明 명	l 冂 日 日 日' 明 明 明	明	明			
命 명	ノ 人 𠆢 仒 合 合 命 命	命	命			
房 방	、 亠 ヨ 戸 戸 戸 房 房	房	房			
知 지	ノ ㇄ 느 午 矢 矢' 知 知	知	知			
幸 행	一 十 土 土 𡈼 幸 幸 幸	幸	幸			
姓 성	㇈ 乆 女 女 女- 如 姓 姓	姓	姓			
始 시	㇈ 乆 女 女 女' 始 始 始	始	始			
姉 자	㇈ 乆 女 女 女- 如 姉 姉	姉	姉			
妹 매	㇈ 乆 女 女 女- 奸 妹 妹	妹	妹			
東 동	一 冂 冂 币 甶 東 東 東	東	東			

읽기 (필순) 공부

直	來	所
곧을 직	올 래	바 소
拍	乳	忠
칠 박	젖 유	충성할 충
苦	活	前
九획 괴로울 고	살 활	앞 전
後	南	紙
뒤 후	남녘 남	**十획** 종이 지

쓰기 공부 9-ㄴ

연필로 연습

直 직	一 十 十 古 古 肻 首 直	直	直
來 래	一 厂 厂 刀 刃 來 來 來	來	來
所 소	` 斤 斤 户 户 所 所 所	所	所
拍 박	一 丁 扌 扌 扌 拍 拍 拍	拍	拍
乳 유	一 爫 爫 爫 孚 孚 乳	乳	乳
忠 충	` 口 口 中 中 忠 忠 忠	忠	忠
苦 고	一 十 艹 艹 芐 芐 芐 苦 苦	苦	苦
活 활	` ⺀ 氵 氵 汓 泙 活 活 活	活	活
前 전	` ⺀ 丷 产 产 前 前 前 前	前	前
後 후	ノ ㇓ 彳 彳 彳 彳 後 後 後	後	後
南 남	一 十 十 内 内 南 南 南 南	南	南
紙 지	乚 纟 纟 纟 纟 糹 糹 紅 紙 紙	紙	紙

1과정

둘째 단계 학습

1차 관문, 힘다루기 100문제 테스트 실시

공부 시작한 날부터 } 120일(4개월 소요)
끝 마친 날까지

　매주 토요일마다 총복습을 실시하여 배정된 108자를 모두 익히고 쓸 줄도 알고서 자신이 있다고 판단이 되었을 때, 용기를 내어 1차 관문인 힘다루기에 응해 보도록 한다.

〈실시 요령〉

① **정답(채점)표 준비** : 앞서 공책에 만들기를 예시(보기)로 설명을 하였지만 일반 공책에 두 줄로 그어 1번부터 100번까지 번호를 붙여서 정답표를 먼저 만들자.

② **실시 시간** : 소요(배당) 시간은 30~40분까지(시간 엄수)

③ **채　점** : 정답 및 풀이표를 보고 ○, ×표로 하여 1문 1점으로 계산한다.

④ **채점 후 뒤처리** : 채점 결과 70점 이상이면, 다음 2차 관문인 실력테스트에 응하되, 만약 70점 미만인 경우에는 다시 첫째 단계 학습 과정을 익히도록 해야 한다. 재분발을 촉구한다.

힘 다 루 기

1과정 100문제

① 手巾 (음)( ) 몸을 닦는 헝겊 조각	② 工夫 ( ) 학문 기술을 배움	③ 每日 ( ) 날마다	④ 孝子 ( ) 부모를 잘 섬기는 아들
⑤ 少年 ( ) 어린 사내 아이	⑥ 少女 ( ) 어린 여자 아이	⑦ 男女 ( ) 남자와 여자	⑧ 中央 ( ) 한가운데가 되는 곳
⑨ 孝女 ( ) 효행이 있는 딸	⑩ 中止 ( ) 중도에서 그만 둠	⑪ 天才 ( ) 아주 뛰어난 재주	⑫ 完了 ( ) 완전히 끝마침
⑬ 苦生 ( ) 몸이나 마음이 괴로운 생활		⑭ 有名 ( ) 이름이 세상에 널리 퍼져 있음	⑮ 姓名 ( ) 성과 이름
⑯ 努力 ( ) 애를 쓰고 힘을 다함	⑰ 決心 ( ) 마음을 정하는 것	⑱ 始作 ( ) 처음으로 함	⑲ 往年 ( ) 지나간 해(옛날)
⑳ 拍手 ( ) 두 손뼉을 마주 두드림	㉑ 住所 ( ) 살고 있는 곳	㉒ 牛乳 ( ) 소에서 짜낸 젖	㉓ 往來 ( ) 오고 가고 함
㉔ 正直 ( ) 거짓이 없고 마음이 바름		㉕ 忠孝 ( ) 임금과 어버이를 잘 섬기는 일	㉖ 兄夫 ( ) 언니의 남편
㉗ 片紙 ( ) 어떤 볼일로 남에게 보내는 글		㉘ 合心 ( ) 많은 사람이 마음을 합함	㉙ 人夫 ( ) 막벌이 일꾼
㉚ 作名 ( ) 사람이나 사물의 이름을 지음		㉛ 天命 ( ) 하늘의 명령(운명)	㉜ 姉妹 ( ) 손위 누나와 손아래 누이

1과정 둘째 단계 학습

㉝ 午 前	㉞ 午 後
(　　　)	(　　　)
밤 12시부터 낮 12시까지의 사이	정오부터 밤 12시까지의 사이

㉟ 人 形	㊱ 天 地	㊲ 先 生	㊳ 上 下
(　　　)	(　　　)	(　　　)	(　　　)
사람 모양의 장난감	하늘과 땅	학생을 가르치는 사람	위와 아래

㊴ 前後	㊵ 正午	㊶ 老人	㊷ 生 死	㊸ 自 由
(　　　)	(　　　)	(　　　)	(　　　)	(　　　)
앞과 뒤	낮 12시	늙은이	삶과 죽음	제 마음대로 행동함

㊹ 自 己	㊺ 弟 子	㊻ 作 名
(　　　)	(　　　)	(　　　)
자신(제몸)	가르침을 받는 사람	사람이나 사물의 이름을 지음

㊼ 來 日	㊽ 來 年	㊾ 人 命	㊿ 子 女
(　　　)	(　　　)	(　　　)	(　　　)
오늘의 바로 다음 날	올해의 다음에 오는 해	사람의 수명	아들과 딸

(51) 左 右	(52) 先 金	(53) 言 明	(54) 決 死
(　　　)	(　　　)	(　　　)	(　　　)
왼쪽과 오른쪽	미리 치르는 돈	말로써 분명히 나타냄	죽을 각오

(55) 父 兄	(56) 名 所	(57) 金 言	(58) 有 力
(　　　)	(　　　)	(　　　)	(　　　)
학생의 보호자	이름난 경치나 고적	귀중한 말	힘이 있음

(59) 死 色	(60) 孝 心	(61) 作 文 紙
(　　　)	(　　　)	(　　　)
죽은 사람과 같은 안색	효성이 있는 마음	글을 짓는 데 쓰는 종이

(62) 生 年 日	(63) 父 母 命	(64) 所 有 物
(　　　)	(　　　)	(　　　)
난 해와 날짜	어버이(부모)의 분부	자기의 것으로 갖고 있는 물건

(65) 老父母	(66) 不 毛 地	(67) 所在地
(　　　)	(　　　)	(　　　)
늙은 어버이	풀이나 나무가 나지 않는 거칠고 메마른 땅	있는 곳

⑥⑧ 收入金	⑥⑨ 出生地	⑦⓪ 生活苦
( )	( )	( )
수입된 돈	세상에 태어난 그 땅	생활하는 데의 어려움과 고생
⑦① 入住日	⑦② 不自由	⑦③ 出入口
( )	( )	( )
들어가서 살게 될 날짜	얽매어 자유스럽지 못함	드나드는 어귀
⑦④ 公休日	⑦⑤ 大中小	⑦⑥ 一生一死
( )	( )	( )
정부에서 제정한 휴일	큰 것, 중간 것, 작은 것	한 번 나고 한 번 죽음

⑦⑦ 大丈夫	⑦⑧ 生死不明
( )	( )
의지가 강하며, 늠름하고 씩씩한 남자	살았는지 죽었는지 알 수 없음

⑦⑨ 中老人	⑧⓪ 中心人物	⑧① 自由自在
( )	( )	( )
중늙은이	어느 사건의 중심이 되는 사람	제 마음대로 할 수 있음

⑧② 九死一生	⑧③ 東西南北
( )	( )
죽을 고비를 여러 차례 겪고 겨우 살아남	동쪽, 서쪽, 남쪽, 북쪽의 사방

⑧④ 九牛一毛	⑧⑤ 父母兄弟
( )	( )
소 아홉 마리에 털 한 개(많은 수 중의 가장 적은 수)	어버이와 형제

⑧⑥ 十人十色
( )
사람들은 각기 좋아함과 생각함이 저마다 다름

⑧⑦ 公明正大	⑧⑧ 十年知己
( )	( )
행동에 사사로움이 없이 바르고 큼	오래 전부터 사귀어 온 친구

⑧⑨ 右往左往	⑨⓪ 男女老少
( )	( )
사방으로 왔다갔다함	남자와 여자, 늙은이와 젊은이

㉑ 文房四友	㉒ 作心三日
( )	( )
종이, 붓, 먹, 벼루의 네 가지	결심이 사흘을 가지 못함(결심이 굳지 못함)

㉓ 男左女右
( )
음양설에서 남자(양)는 왼쪽, 여자(음)는 오른쪽을 중하게 여긴다는 말

㉔ 一刻千金	㉕ 共生共死
( )	( )
극히 짧은 시각도 천금같이 귀중함	함께 살고, 함께 죽음(생사를 같이함)

㉖ 人命在天	㉗ 不幸中多幸
( )	( )
사람의 목숨은 하늘에 달렸다는 말	언짢은 일 중에 그래도 잘된 일

㉘ 見物生心	㉙ 一斗一升一合
( )	( )
물건을 보면 욕심이 생김	한 말, 한 되, 한 홉

㉚ 一口二言, 二父之子
( )
한 입으로 두 가지 말을 함은 두 아비의 자식임(거짓말 하는 이에게 하는 말)

[정답은 269쪽]

한자 공부의 필요성

한자는 원래, 먼 옛날부터 중국에서 만들어진 문자이다.

우리나라를 비롯하여 일본 등 한자문화권의 나라에서는, 그 옛날 이 한자를 직접 사용했었던 까닭에, 우리나라의 경우 이름씨(명사)의 70% 가량이 한자로 된 단어들이다. 즉 옛날에는 한자를 우리글처럼 사용했었다는 말이다.

따라서 한자를 배우고 익히면 그만큼 우리 낱말을 정확하고 빠르게 이해하는 데 큰 효과가 있다. 또 문장 전체의 뜻도 쉽게 파악할 수가 있다. 예를 들어 음은 같지만 뜻이 다른 낱말인 사고(事故), 사고(社告), 사고(思考) …… 등등, 한자를 배움으로써 글 뜻의 이해가 쉬워진다는 말이다. 특히, 국제화 시대를 맞이한 지금 한자문화권인 나라에 진출하고, 그들과 어깨를 나란히 하여 살아가려면 한자를 배워 익히는 것이야말로 급선무라 하겠다.

1과정

셋째 단계 학습

2차 관문, 실력테스트 5문제 테스트 실시

○ 1차 관문인 힘다루기 100문제 테스트에 통과(합격)한 것을 우선 진심으로 축하한다. 노력의 대가로 성취한다는 것은 매우 즐거운 것이다.
○ 2차 관문인 실력테스트는 주로,
  ㉠ 서로 뜻이 통하는 한문 숙어가 되게 선으로 잇기 문제
  ㉡ 한글로 되어 있는 것을 한문으로 나타내는 문제
  ㉢ 한문에 음 쓰기 문제
  ㉣ 빈 □ 속에 알맞는 한자 써 넣기 문제 등이 출제되어 있다.

〈실시 요령〉

① **실시 시간** : 10분~20분까지(시간 엄수)
② **답지 마련** : 일반 공책에 써 넣기
③ **채   점** : 정답란을 보고 ○, ×표 하기
         1문×2점으로 계산

● 나의 실력은 어느 위치
  - 수 88~100점
  - 우 76~86점
  - 미 64~74점
  - 양 62점 이하

④ **채점 후 뒤처리** : 채점 결과 **미** 이하일 경우에는 다시 배정된 한자 108자의 총복습 과정을 밟도록 해야 한다.
    평소의 노력이 부족하였고 책임 학습이 부족했음을 자인하여 재분발, 소기의 목적 달성에 배전의 노력을 촉구한다.

1. 다음 ㉠줄 한자와 ㉡줄 한자하고 서로 뜻이 통하는 한문 숙어가 되도록 선으로 이어라.

	①	②	③	④	⑤	⑥	⑦	⑧	⑨	⑩
㉠	工	自	始	每	男	正	金	牛	左	往
㉡	由	夫	日	作	言	直	子	來	右	乳
	㉠	㉡	㉢	㉣	㉤	㉥	㉦	㉧	㉨	㉩

2. 다음 ㉠줄 한문과 ㉡줄 한문하고 서로 뜻이 통하는 넉자 숙어가 되게 선으로 이어라.

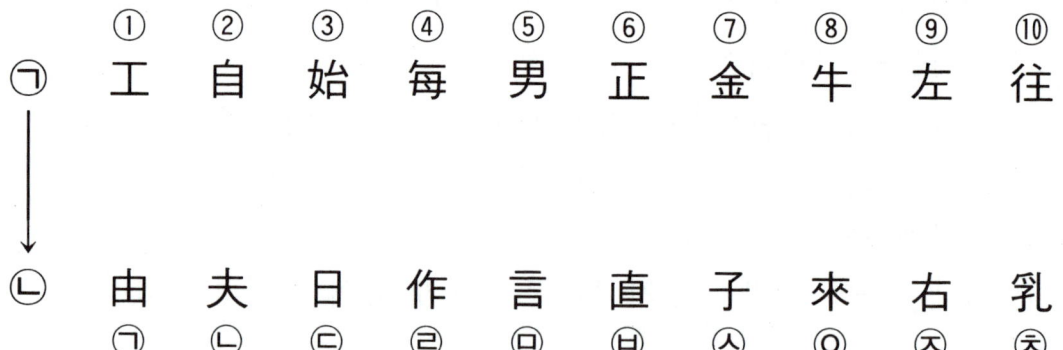

㉠ ① 作心　　㉡ ㉠ 生心
　② 見物　　　㉡ 十色
　③ 九死　　　㉢ 三日
　④ 十人　　　㉣ 一生
　⑤ 一生　　　㉤ 一死
　⑥ 文房　　　㉥ 在天
　⑦ 人命　　　㉦ 四友
　⑧ 自由　　　㉧ 千金
　⑨ 一刻　　　㉨ 自在
　⑩ 右往　　　㉩ 左往

㉠ ⟶ ㉡

3. 다음 문항 한글을 한자(한문)로 나타내어라.
① 수 건 ② 소 년 ③ 남 녀 ④ 효 자 ⑤ 선 생
(   ) (   ) (   ) (   ) (   )

⑥ 박 수 ⑦ 결 심 ⑧ 편 지 ⑨ 주 소 ⑩ 출생지
(   ) (   ) (   ) (   ) (   )

4. 다음 문항 한문에 음을 달아 보자.
① 自 己 ② 努 力 ③ 苦 生 ④ 每 日 ⑤ 來 日
(   ) (   ) (   ) (   ) (   )

⑥ 忠 孝 ⑦ 左 右 ⑧ 姓 名 ⑨ 始 作 ⑩ 牛 乳
(   ) (   ) (   ) (   ) (   )

5. 다음 빈 □ 속에 알맞은 한자를 써 넣어라.
① 公□日   ② 父母□弟   ③ 大□小

④ 東西□北   ⑤ 人命□天   ⑥ 男女□少

⑦ 見物□心   ⑧ 九死□生   ⑨ 文房□友

⑩ 一口二言, 二父之□

〔정답은 269쪽〕

> 1과정

넷째 단계 학습

3차 관문, 총정리 20문제 실시

○ 2차 관문인 실력테스트에 통과(합격)한 것을 우선 진심으로 축하한다.
○ 3차 관문인 총정리는 1과정에 배정된 108자 모두를 활용하여 간단한 문장으로 된 힘다루기를 실시하기로 한다. 내용은 다소 부실하지만 주로 읽기에 중점을 두었기 때문에 이해하기 바란다. 또 아직 배우지 않은 한자는 단어 음절을 한글로 표기하였고, 앞에서 나온 한자는 음을 다는 □를 생략했다.(이하 같음)

　배정된 108자를 1자도 빠뜨림 없이 모두 활용하였기 때문에 읽어 보고 모르는 한자 수를 세어 보고 100점에서 초과된 8점을 빼면 자신의 득점이 되는 것이다.

　실시하여 만약 채점한 결과 70점 미만일 경우는 다시 분발하여 처음부터 첫째 단계 학습으로 반복 되풀이 연습을 계속해야 할 것이다.

〈실시 요령〉

① 실시 시간 : 30~40분까지(시간 엄수)
② 답지 마련 : 일반 공책에 두 줄로 108번까지 써 넣기
③ 채　　　점 : 정답란을 보고 ○, ×표로 채점하기
　　　　　　　1문×1점으로 계산하여 8점을 빼기

채점 요령

채점	1문에 1점씩 계산, 100−8−⊠＝득점	
	득점 (　　　) 점	스스로 평가 스스로 채점

1과정 108자

① 나는 며칠 前에 先生님에게 안부 片紙를 보내었다.

② 入口는 南쪽이고, 뜰에서 男女老少가 놀고 있다.

③ 父母 밑에는 三兄弟이고, 나의 生日은 四월 二일이다.

④ 人夫가 自己 마을의 中央에 有名한 나무를 심었다.

⑤ 마을의 人口는 一千名, 東西南北으로 往來가 된다.

⑥ 牛乳를 마시고 工夫房에서 姉妹와 함께 책을 보았다.

⑦ 午後에 쌀 一斗二升四合을 大丈夫답게 들고 왔다.

⑧ 工夫에 努力하여 한자로 父母님의 姓名도 쓰게 되었다.

⑨ 天은 上이고, 地는 下이다.

⑩ 나는 每日 手巾으로 손을 닦는다.

⑪ 左右를 잘 살펴서 건너고, 作文 쓰기를 始作하자.

⑫ 正直하게 살며 住所를 확인한 이에게 拍手를 보낸다.

⑬ 中止하고 中心있는 生活을 하면 生活苦는 면한다.

⑭ 一刻이 千金이라 不幸에서 벗어나 明分있는 生活을 하자.

⑮ 見物生心이라, 人形을 보고도 탐 안내기로 決心하였다.

⑯ 九牛一毛, 十人十色, 公休日, 人命在天.

⑰ 小子는 出入口를 통해 友人을 만나고, 서로 自由로운

  분위기 속에서 정다운 忠言을 듣게 되었다.

⑱ 농자 天下之 大본이요, 多年간 生死를 같이한 孝子 친구.

⑲ 나는 正直한 收入으로 그 목적을 完了하였다.

⑳ 저 사람이 天才인 것을 우리들은 共知하는 바다.

[정답은 270쪽]

2과정

첫째 단계 학습

한자 132자 배정

10 ~ 20
 ㉠ 읽기(필순) 공부 실시
 ㉡ 쓰기 공부 실시

학습 시간 : 매일 오후 휴식 시간 중 30분 정도 활용
학 습 량 : 한자를 하루에 한두 자씩 익히기
소요 시간 : 132자, 4개월(120일) 만에 마칠 예정
학습하는 날 : 매주 월요일~토요일까지
토 요 일 : 처음부터 배운 것, 총복습으로 익히는 날
일 요 일 : 쉬는 날(이미 배운 한자→카드 만들기 및 카드놀이)

○ 배정된 132자를 매일 30분씩 학습을 하고 토요일마다 총복습을 하여 모두 익히고 자신이 있다고 생각이 들 때 1과정의 순서처럼 차례로 힘다루기를 실시하도록 한다.(아래 예시)

① 1차 관문 : 힘다루기 100문제 테스트 실시
② 2차 관문 : 실력테스트 50문제 테스트 실시
③ 3차 관문 : 총정리 20문제 실시

※ 채점 결과 70점 미만이면 다시 처음부터 총복습으로 70점 이상을 받도록 힘써 나가자.(책임 학습)

● **쓰기(필순)에 유의할 한자**

方	火	必	世	充	成
모 **방**	불 **화**	반드시 **필**	인간 **세**	채울 **충**	이룰 **성**
(p.52 참조)	(p.52 참조)	(p.54 참조)	(p.54 참조)	(p.56 참조)	(p.60 참조)

育	兒	美	馬	荷	誠
기를 육	아이 아	아름다울 미	말 마	짐 하	정성 성
(p.60 참조)	(p.62 참조)	(p.62 참조)	(p.66 참조)	(p.70 참조)	(p.72 참조)

● **2과정에서 나오는 한자의 성어와 숙어**

① 先公後私(선공후사)　② 八方美人(팔방미인)
③ 兵家常事(병가상사)　④ 馬耳東風(마이동풍)
⑤ 長兄父母(장형부모)　⑥ 出嫁外人(출가외인)
⑦ 生面不知(생면부지)　⑧ 出必告, 反必面(출필곡, 반필면)
⑨ 男兒一言, 重千金(남아일언, 중천금)

● **평소 별로 쓰이지 않는 한문**

① 充分(충분)　② 空冊(공책)　③ 只今(지금)　④ 克己(극기)

● **유의 사항**

1과정에서 작심삼일(作心三日), 즉 결심이 사흘을 가지 못한다는 말이 있듯이 처음에 며칠 동안은 부지런히 하다가 끝에 가서는 게으른 사람이 되어서는 아니될 것이다.

처음 계획한 대로 굳은 책임감을 가지고 용감하게 추진해야 할 것이며, 각자의 노력을 아끼지 말고 꾸준히 분투하기를 빈다.

※ 告 ┌ 알릴 고, 고소할 고
　　　└ 뵙고 청할 곡

　　出必告 ┌ 출필고 ✕
　　　　　 └ 출필곡 ○
　　　　　　　(뵙고 청할 곡)

2과정 132자 — 한자집계표

획순별	획순별 학습 한자 내용												계
二	七	八	乃										3
三	凡												1
四	五	今	反	方	火	木	内	互					8
五	必	外	册	付	只	世	功	申	以	充	代	平	加	立	18
	用	末	冬	永									
六	竹	耳	行	向	式	安	因	列	伐	件	百		11
七	良	私	告	君	兵	序	沐	災	材	成	車	束	均	克	17
	助	育	汽										
八	長	松	非	兒	事	空	到	板	使	協			10
九	是	昨	美	風	俗	重	省	計	面	屋	室	泉	看	建	23
	秋	品	要	約	相	契	度	急	春				
十	家	師	能	馬	病	院	料	浴	秩	班	悔	原	時	退	17
	校	夏	託										
十一	常	敎	荷	族	終	理								6
十二	發	着	順	短	番	童	稅							7
十三	試	禁	達	溫	嫁									5
十四	福	說	銀	誠										4
十六	學													1
二三	體													1
합계														132

○ 표 속의 한자는 기초 한자 외에서 선정한 한자임.

10-ㄱ 읽기 (필순) 공부

七	八	乃
二획 일곱 **칠**	여덟 **팔**	이에 **내**
凡	五	今
三획 대강 **범**	四획 다섯 **오**	이제 **금**
反	方	火
반대할 **반**	모 **방**	불 **화**
木	內	互
나무 **목**	안 **내**	서로 **호**

쓰기 공부 10-ㄴ

연필로 연습

七 칠	一 七	七	七			
八 팔	ノ 八	八	八			
乃 내	ノ 乃	乃	乃			
凡 범	ノ 几 凡	凡	凡			
五 오	一 丁 五 五	五	五			
今 금	ノ 人 스 今	今	今			
反 반	一 厂 厉 反	反	反			
方 방	丶 亠 亍 方	方	方			
火 화	丶 丷 少 火	火	火			
木 목	一 十 才 木	木	木			
內 내	ノ 冂 内 内	内	内			
互 호	一 丆 互 互	互	互			

2과정 첫째 단계 학습

11-ㄱ 읽기 (필순) 공부

必	外	冊
五劃 반드시 **필**	바깥 **외**	책 **책**
付	只	世
부탁할 **부**	다만 **지**	인간 **세**
功	申	以
공 **공**	펼 **신**	써 **이**
冬	代	平
겨울 **동**	대신할 **대**	평평할 **평**

쓰기 공부

연필로 연습

必 필	丶 丿 必 必 必	必	必			
外 외	丿 ク タ 列 外	外	外			
册 책	丨 刀 刀 冊 冊	册	册			
付 부	丿 亻 亻 付 付	付	付			
只 지	丨 口 口 尸 只	只	只			
世 세	一 十 卄 丗 世	世	世			
功 공	一 丁 工 功 功	功	功			
申 신	丨 口 日 曰 申	申	申			
以 이	丨 レ レ 以 以	以	以			
冬 동	丿 ク 夂 冬 冬	冬	冬			
代 대	丿 亻 亻 代 代	代	代			
平 평	一 一 丆 平 平	平	平			

12-ㄱ 읽기 (필순) 공부

加	立	用
더할 가	설 립	쓸 용
末	永	充
끝 말	길 영	六획 채울 충
竹	耳	行
대 죽	귀 이	갈 행, 항렬 항
向	式	安
향할 향	법 식	편안할 안

쓰기 공부

연필로 연습

加 가	丁 力 加 加 加	加	加
立 립	丶 亠 十 立 立	立	立
用 용	丿 几 月 月 用	用	用
末 말	一 二 十 未 末	末	末
永 영	丶 丁 氺 永 永	永	永
充 충	丶 亠 士 云 产 充	充	充
竹 죽	丿 亻 彳 忄 竹 竹	竹	竹
耳 이	一 丅 下 F 王 耳	耳	耳
行 행	丶 ノ 彳 彳 行 行	行	行
向 향	丶 亻 冂 向 向 向	向	向
式 식	一 二 千 工 式 式	式	式
安 안	丶 亠 宀 宀 安 安	安	安

2과정 첫째 단계 학습 57

읽기 (필순) 공부

因	列	伐
인할 **인**	벌일 **렬**	칠 **벌**
件	百	良
사건 **건**	일백 **백**	七획 어질 **량**
私	告	君
사사 **사**	알릴 **고**, 청할 **곡**	임금 **군**
兵	序	沐
군사 **병**	차례 **서**	머리 감을 **목**

쓰기 공부

연필로 연습

因 인	丨 冂 冂 囝 囚 因	因	因
列 렬	一 ア 歹 歹 列 列	列	列
伐 벌	丿 亻 亻 代 伐 伐	伐	伐
件 건	丿 亻 亻 亻 仁 件	件	件
百 백	一 ブ ア 百 百 百	百	百
良 량	丶 コ ヨ ヨ 自 良 良	良	良
私 사	一 二 千 千 禾 私 私	私	私
告 고	丿 レ 屮 生 牛 告 告	告	告
君 군	フ コ ヨ 尹 尹 君 君	君	君
兵 병	一 厂 斤 斤 丘 兵 兵	兵	兵
序 서	丶 一 广 庁 庁 序 序	序	序
沐 목	丶 冫 氵 氵 汁 沐 沐	沐	沐

2과정 첫째 단계 학습

읽기 (필순) 공부

災	材	成
재앙(화재) **재**	재목 **재**	이룰 **성**
車	束	均
수레 **차(거)**	묶을 **속**	고를 **균**
克	助	汽
이길 **극**	도울 **조**	김 **기**
育	長	協
八획 기를 **육**	길 **장**	도울 **협**

쓰기 공부

災 재	丶 ╵╵ ╰╰╰ ╰╰╰ ╰╰╰ ╰╰╰火 災	災	災
材 재	一 十 才 オ 木 村 材	材	材
成 성	丿 厂 厂 厅 成 成 成	成	成
車 차	一 厂 冂 冃 百 亘 車	車	車
束 속	一 厂 冂 冃 申 束 束	束	束
均 균	一 十 土 圵 圴 均 均	均	均
克 극	一 十 古 古 古 克 克	克	克
助 조	丨 冂 冃 月 目 助 助	助	助
汽 기	丶 冫 氵 氵 汽 汽 汽	汽	汽
育 육	丶 亠 亡 云 产 育 育 育	育	育
長 장	一 厂 厂 厂 屵 長 長 長	長	長
協 협	一 十 忄 忄 忄 協 協 協	協	協

읽기 (필순) 공부

15-ㄱ

松	非	兒
소나무 송	아닐 비	아이 아
事	空	到
일 사	빌(하늘) 공	이를 도
板	使	春
널조각 판	부릴 사	九획 봄 춘
是	昨	美
이 시	어제 작	아름다울 미

쓰기 공부

연필로 연습

松 송	一 十 才 木 术 松 松 松	松	松			
非 비	丿 丿 扌 扌 非 非 非	非	非			
兒 아	丶 丶 白 白 臼 兒	兒	兒			
事 사	一 宀 戸 戸 写 写 事 事	事	事			
空 공	丶 宀 宀 穴 空 空 空	空	空			
到 도	一 Z 互 到 至 至 到 到	到	到			
板 판	一 十 才 木 朽 板 板	板	板			
使 사	丿 亻 亻 仁 仁 使 使	使	使			
春 춘	一 二 三 声 夫 表 春 春 春	春	春			
是 시	丨 冂 日 日 旦 早 昱 是 是	是	是			
昨 작	丨 冂 日 日 日 昨 昨 昨 昨	昨	昨			
美 미	丶 丶 丷 並 羊 美 美 美	美	美			

16 - ㄱ 읽기 (필순) 공부

風	俗	重
바람 **풍**	풍속 **속**	무거울 **중**
省	計	面
살필 **성**, 덜 **생**	셈할 **계**	얼굴(낯) **면**
屋	室	泉
집 **옥**	방(집) **실**	샘 **천**
看	建	秋
볼 **간**	세울 **건**	가을 **추**

64

쓰기 공부

16-ㄴ

연필로 연습

風 풍	丿 几 凡 凡 凨 凨 風 風 風	風	風			
俗 속	丿 亻 亻 伀 伀 伀 俗 俗	俗	俗			
重 중	一 二 千 千 千 盲 重 重 重	重	重			
省 성	丿 亅 小 少 少 省 省 省 省	省	省			
計 계	丶 二 亠 言 言 言 計 計	計	計			
面 면	一 丆 厂 丙 而 而 面 面	面	面			
屋 옥	丶 コ ア ア 尸 居 居 屋 屋	屋	屋			
室 실	丶 丷 宀 宀 宀 宀 室 室 室	室	室			
泉 천	丶 亻 白 白 白 臬 泉 泉	泉	泉			
看 간	一 二 三 手 看 看 看 看	看	看			
建 건	一 ᄀ ᅴ ᅴ ᅴ 聿 聿 建 建	建	建			
秋 추	一 二 千 千 禾 禾 秋 秋	秋	秋			

2과정 첫째 단계 학습

읽기 (필순) 공부

品	要	約
물품 **품**	요긴할 **요**	약속할 **약**
相	契	度
서로 **상**	계약 **계**, 나라이름 **글**	법도 **도**, 잴 **탁**
急	夏	家
급할 **급**	十획 여름 **하**	집 **가**
師	能	馬
스승 **사**	능할 **능**	말 **마**

쓰기 공부

연필로 연습

品 품	丶 口 口 口 吊 品 品 品 品	品	品
要 요	一 一 厂 币 西 西 要 要 要	要	要
約 약	乙 幺 幺 幺 糸 糸 約 約 約	約	約
相 상	一 十 才 木 机 机 相 相 相	相	相
契 계	一 二 三 丰 邦 契 契 契 契	契	契
度 도	丶 亠 广 广 庐 庐 度 度 度	度	度
急 급	丿 夕 夕 免 急 急 急 急 急	急	急
夏 하	一 一 丆 万 百 百 頁 夏 夏	夏	夏
家 가	丶 丶 宀 宀 宀 宁 穴 家 家 家	家	家
師 사	丿 厂 忄 卢 自 自 自 師 師 師	師	師
能 능	乙 厶 厃 台 自 自 能 能 能	能	能
馬 마	一 厂 丆 斤 厓 馬 馬 馬 馬 馬	馬	馬

18-ㄱ 읽기 (필순) 공부

病	院	料
병들 병	집 원	헤아릴 료
浴	秩	託
목욕할 욕	차례 질	부탁할 탁
班	悔	原
나눌 반	뉘우칠 회	근본 원
時	退	校
때 시	물러날 퇴	학교 교

쓰기 공부 18-ㄴ

연필로 연습

病 병	丶 亠 广 疒 疒 疒 疒 病 病 病	病	病
院 원	丶 阝 阝 阝 阝 阝 阝 阝 院 院	院	院
料 료	丶 丶 二 半 米 米 米 米 料 料	料	料
浴 욕	丶 丶 氵 氵 氵 氵 浴 浴 浴 浴	浴	浴
秩 질	丿 二 千 千 禾 禾 禾 秩 秩 秩	秩	秩
託 탁	丶 亠 三 言 言 言 言 訁 託 託	託	託
班 반	一 T F 王 王 玎 玑 班 班 班	班	班
悔 회	丶 丶 忄 忄 忄 忙 悔 悔 悔 悔	悔	悔
原 원	一 厂 厂 厂 原 原 原 原 原 原	原	原
時 시	丨 冂 月 日 日 旷 旷 時 時 時	時	時
退 퇴	丆 ㄱ ㅋ 艮 艮 艮 退 退 退 退	退	退
校 교	一 十 才 木 木 杧 杧 杧 校 校	校	校

2과정 첫째 단계 학습 69

읽기 (필순) 공부

19-ㄱ

理	常	敎
十一획 도리 **리**	항상 **상**	가르칠 **교**
荷	族	終
짐 **하**	겨레 **족**	마칠 **종**
稅	發	着
十二획 세금 **세**	일어날 **발**	붙을 **착**
順	短	番
순할 **순**	짧을 **단**	차례 **번**

70

쓰기 공부

19-ㄴ

연필로 연습

理 리	一 丁 千 王 珇 珇 珇 珇 理 理 理	理	理			
常 상	丨 丨 丷 ⺍ 些 当 尚 常 常 常 常	常	常			
敎 교	丿 㐅 ㄨ 乡 差 孝 孝 孝 孝 叙 敎	敎	敎			
荷 하	一 丨 丨 丨 艹 艹 芢 芢 荷 荷 荷	荷	荷			
族 족	丶 亠 方 方 方 方 方 方 族 族	族	族			
終 종	乙 乡 乡 乡 乡 糸 糸 終 終 終	終	終			
稅 세	一 二 千 千 禾 禾 和 利 秒 秒 秒 稅	稅	稅			
發 발	丿 夕 ㄈ 癶 癶 癶 癶 癶 發 發 發	發	發			
着 착	丶 丶 ⺌ 半 羊 羊 羊 着 着 着 着	着	着			
順 순	丿 刂 川 川 丌 順 順 順 順 順	順	順			
短 단	丿 ト 上 上 矢 矢 矢 知 知 短 短 短	短	短			
番 번	一 丆 丆 罒 平 采 采 番 番 番 番	番	番			

2과정 첫째 단계 학습 71

20-ㄱ 읽기 (필순) 공부

童	溫	嫁
아이 동	十三획 따뜻할 온	시집갈 가
試	禁	達
시험할 시	금할 금	통달할 달
誠	福	說
十四획 정성 성	복 복	말할 설, 달랠 세, 기쁠 열
銀	學	體
은 은	十六획 배울 학	二十三획 몸 체

쓰기 공부

20-ㄴ

연필로 연습

童 동	、 亠 亠 立 产 音 音 音 童 童 童	童	童
溫 온	、 冫 氵 沪 沪 沪 沪 沪 渭 渭 溫 溫	溫	溫
嫁 가	乀 夕 女 女 女 妒 妒 妒 妤 嫁 嫁 嫁	嫁	嫁
試 시	、 亠 亠 言 言 言 言 訂 試 試 試	試	試
禁 금	一 十 オ 木 木 村 材 林 林 埜 梺 禁 禁	禁	禁
達 달	一 十 土 土 幸 幸 幸 查 幸 達 達 達 達	達	達
誠 성	、 亠 亠 言 言 言 言 訂 訴 誠 誠 誠	誠	誠
福 복	一 二 亍 亓 示 示 礻 礻 礻 福 福 福 福	福	福
說 설	、 亠 亠 言 言 言 言 訂 訲 說 說 說	說	說
銀 은	ノ 人 亼 亼 乍 余 余 金 釦 釦 鈩 鈨 銀 銀	銀	銀
學 학	' ι ⸃ Ϝ ϝ ϝ⸝ 臼 臼 𦥯 𦥯 與 學 學	學	學
體 체	1 ⺆ 冂 冎 冎 骨 骨 骨 骭 體 體 體 體 體 體	體	體

2과정 첫째 단계 학습 73

2과정

둘째 단계 학습

1차 관문, 힘다루기 100문제 테스트 실시

공부 시작한 날부터 } 120일(4개월 소요)
끝마친 날까지

 매주 토요일마다 총복습을 실시하여 배정된 132자를 모두 익히고, 쓸 줄도 알고서 자신이 있다고 판단이 되었을 때 용기를 내어 1차 관문인 힘다루기에 응해 보도록 한다.

〈실시 요령〉

① **정답(채점)표 준비** : 앞서 공책에 만들기를 예시(보기)로 설명을 하였지만 일반 공책에 두 줄로 그어 1번부터 100번까지 번호를 붙여서 정답표를 먼저 만들자.
② **실시 시간** : 소요(배당) 시간은 30~40분까지(시간 엄수)
③ **채 점** : 정답란을 보고 ○, ×표로 하여 1문 1점으로 계산한다.
④ **채점 후 뒤처리** : 채점 결과 70점 이상이면, 다음 2차 관문인 실력테스트에 응하되, 만약 70점 미만인 경우에는 다시 첫째 단계 학습 과정을 익히도록 해야 한다. 재분발을 촉구한다.

2과정 100문제

힘 다루기

① 世上 (음)( )	② 內外 ( )	③ 中立 ( )	④ 以上 ( )
사람들이 살고 있는 사회	안과 밖	어느 쪽에도 편들지 않음	어느 한도의 위
⑤ 公平 ( )	⑥ 公式 ( )	⑦ 伐木 ( )	⑧ 母校 ( )
치우침이 없이 공정함	계산의 규칙을 나타내는 식	나무를 벰	출신 학교
⑨ 加入 ( )	⑩ 入退 ( )	⑪ 結末 ( )	⑫ 重要 ( )	⑬ 始終 ( )
단체에 들어감	들어가고 나가고	끝맺음	매우 귀중하고 요긴함	처음과 끝
⑭ 入學 ( )	⑮ 合計 ( )	⑯ 物件 ( )	⑰ 要件 ( )	⑱ 代金 ( )
학교에 들어감	한데 모아서 계산함	형체가 있는 것(물품)	중요한 용건	물건 값
⑲ 代理 ( )	⑳ 火災 ( )	㉑ 良心 ( )
남을 대신하여 일을 처리함	불이 나는 재앙	사람으로서 가져야 할 바르고 착한 마음
㉒ 充分 ( )	㉓ 料金 ( )	㉔ 空冊 ( )	㉕ 方向 ( )
부족함이 없음	수수료로 주는 돈	필기용 백지로 매어 놓은 책	향하는 쪽
㉖ 反省 ( )	㉗ 出世 ( )	㉘ 成功 ( )
자기 행동에 대한 선악을 양심에 물음	사회에 나와 입신 성공함	목적한 바를 이룸
㉙ 只今 ( )	㉚ 平安 ( )	㉛ 物品 ( )	㉜ 必要 ( )
현재	무사하여 걱정이 없음	사용 가치가 있는 물건	꼭 소용이 됨
㉝ 原因 ( )	㉞ 結果 ( )	㉟ 約束 ( )
일이 이렇게 된 까닭	어떤 행위로 이루어진 결말의 상태	앞일을 서로 미리 정함

㊱ 時計 ( )	㊲ 平均 ( )	㊳ 克己 ( )
자동적으로 시간을 가리키는 기계	여럿을 고르게 함	제 욕심을 스스로 억눌러 이김

㊴ 契約 ( )	㊵ 禁止 ( )	㊶ 後悔 ( )
사람과 사람 사이의 약속	금하여 못하게 함	전의 잘못을 깨닫고 뉘우침

㊷ 班長 ( )	㊸ 銀行 ( )
한 반의 일을 책임지고 맡아보는 사람	돈을 맡기거나 빌려 주는 기관

㊹ 看板 ( )	㊺ 說明 ( )	㊻ 家屋 ( )	㊼ 長短 ( )
보이기 위하여 내건 판자	알기 쉽게 풀이함	집	장점과 단점

㊽ 風俗 ( )	㊾ 建物 ( )	㊿ 出發 ( )
옛날부터 그 사회에 행해 온 습관	땅 위에 세워 지은 집	떠남, 여행길에 오름

51 幸福 ( )	52 忠誠 ( )	53 到着 ( )	54 順序 ( )
만족감을 느끼는 정신상태	진정에서 우러나는 정성	목적지에 다다름	정해져 있는 차례

55 試合 ( )	56 稅金 ( )	57 付託 ( )	58 敎室 ( )
승패를 겨루는 것	조세로 바치는 돈	남에게 당부하여 맡김	수업에만 쓰이는 방

59 番地 ( )	60 秩序 ( )	61 兒童 ( )	62 病院 ( )
번호를 붙여 나눈 땅	올바른 차례	어린아이	병자를 모아서 치료하는 곳

63 家族 ( )	64 發達 ( )
집안 사람	학문 또는 사회 상태가 진보하여 완전한 지경에 이름

65 敎育 ( )	66 學校 ( )	67 使用料 ( )
가르쳐 기름	일정한 과정으로 피교육자를 교육하는 기관	쓰기 위하여 내는 돈

⑱ 木材所 ( )	⑲ 荷物車 ( )	⑳ 溫度計 ( )
원목을 잘라서 널판으로 만드는 곳	짐을 실어 나르는 차	물체의 온도를 재는 기계
㉑ 入院室 ( )	㉒ 溫泉水 ( )	㉓ 汽車料金 ( )
병원에 들어가 병의 치료를 받는 방	온천에서 솟는 뜨거운 물	기차를 타는 운임

㉔ 自動車 ( )
전기·가스·휘발유 등에 발동기를 갖추어 그 동력으로 바퀴가 돌면서 달리는 차

㉕ 相互協助 ( )	㉖ 私立學校 ( )	㉗ 春夏秋冬 ( )
힘을 보태어 서로 도움	개인이나 법인이 세운 학교	일년의 네 가지 계절

㉘ 急行列車 ( )	㉙ 出生申告 ( )
도중에서 정거가 적고 속력이 빠른 열차	자녀가 출생한 것을 관청에 신고함
㉚ 南男北女 ( )	㉛ 先公後私 ( )
남쪽은 남자가, 북쪽은 여자가 아름답다는 말	공사를 먼저 하고 사사는 나중에 함
㉜ 先己後人 ( )	㉝ 八方美人 ( )
남의 일은 나중에, 자신의 일부터 먼저 함	여러 방면에 능통한 사람
㉞ 美風良俗 ( )	㉟ 兵家常事 ( )
아름답고 좋은 풍속	전쟁의 승패는 흔히 있는 일이니 낙심할 것 없다는 말

㊱ 口是心非 ( )
말로는 옳다 하면서 속으로는 비난함(겉과 속마음이 다르다는 말)

㊲ 沐浴 ( )	㊳ 馬耳東風 ( )
몸을 깨끗이 씻음	말 귀에 동쪽 바람이란 뜻으로 남의 말을 듣지 않음

⑧⑨ 長兄父母	⑨⓪ 君師父一體
( )	( )
맏형의 지위는 부모와 같다는 말	임금·스승·아버지의 은혜는 같다는 말
⑨① 十年之計	⑨② 百年大計
( )	( )
앞으로 십 년을 목표로 하는 계획	먼 장래를 내다보는 원대한 계획

⑨③ 出必告, 反必面
( )
나갈 때는 반드시 용무를 말하고, 돌아와서는 반드시 만나서 알림

⑨④ 能小能大	⑨⑤ 今是昨非
( )	( )
재주와 주변이 좋아 모든 일에 두루 능함	어제의 과오를 오늘 깨달음
⑨⑥ 生面不知	⑨⑦ 出嫁外人
( )	( )
만나본 일이 없어 도무지 모르는 사람	시집을 간 딸은 남과 같다는 뜻
⑨⑧ 正松五竹	⑨⑨ 多才多病
( )	( )
소나무는 정월, 대나무는 오월에 옮겨 심어야 잘 산다	재주 많은 사람은 병도 많음

⑩⓪ 男兒一言, 重千金
( )
남자의 말 한마디가 천금같이 무겁고 가치있다는 뜻(말의 중요성을 강조)

[정답은 270쪽]

한자의 부수(部首)

'부수'란 자전(字典)에서 한자를 찾는 데 필요한 기본 꼴을 말한다. 한자를 분석해 보면 서로 공통되는 기본 꼴이 있는데 이것을 부수라고 한다.

〈부수〉	〈한 자〉			
土(흙 토)	: 在(있을 재)	坤(땅 곤)	城(재 성)	壁(벽 벽)
女(계집 녀)	: 如(같을 여)	好(좋을 호)	委(맡길 위)	姬(계집 희)
木(나무 목)	: 本(밑 본)	材(재목 재)	東(동녘 동)	林(수풀 림)
辶(辵)(책받침)	: 近(가까울 근)	送(보낼 송)	速(빠를 속)	道(길 도)

> **2과정**

셋째 단계 학습

2차 관문, 실력테스트 5문제 테스트 실시

○ 1차 관문인 힘다루기 100문제 테스트에 통과(합격)한 것을 우선 진심으로 축하한다. 노력의 대가로 성취한다는 것은 매우 즐거운 일이다.
○ 2차 관문인 실력테스트는 주로,
　㉠ 서로 뜻이 통하는 한문 숙어가 되게 선으로 잇기 문제
　㉡ 한글로 되어 있는 것을 한문으로 나타내는 문제
　㉢ 한문에 음 쓰기 문제
　㉣ 빈 □ 속에 알맞는 한자 써 넣기 문제 등이 출제되어 있다.

〈실시 요령〉

① **실시 시간** : 10분~20분까지(시간 엄수)
② **답지 마련** : 일반 공책에 써 넣기
③ **채　　점** : 정답란을 보고 ○, ×표 하기
　　　　　　　1문×2점으로 계산

● 나의 실력은 어느 위치
　　수 88~100점
　　우 76~86점
　　미 64~74점
　　양 62점 이하

④ **채점 후 뒤처리** : 채점 결과 '미' 이하일 경우에는 다시 배정된 한자 132자의 총복습 과정을 밟도록 해야 한다.
　　평소의 노력이 부족하였고 책임 학습이 부족했음을 자인하여 재분발, 소기의 목적 달성에 배전의 노력을 촉구한다.

1. 다음 ㉠줄 한자와 ㉡줄 한자하고 서로 뜻이 통하는 한문 숙어가 되도록 선으로 이어라.

	①	②	③	④	⑤	⑥	⑦	⑧	⑨	⑩
㉠	世	內	中	公	伐	母	加	重	結	合
㉡	外	上	立	木	平	入	校	計	末	要
	㉠	㉡	㉢	㉣	㉤	㉥	㉦	㉧	㉨	㉩

2. 다음 ㉠줄 한문과 ㉡줄 한문하고 서로 뜻이 통하는 한문 숙어가 되게 선으로 이어라.

㉠ ⟶ ㉡

㉠ ① 出生　　㉡ ㉠ 北女
　② 南男　　　㉡ 後私
　③ 先公　　　㉢ 申告
　④ 八方　　　㉣ 良俗
　⑤ 美風　　　㉤ 美人
　⑥ 兵家　　　㉥ 料金
　⑦ 汽車　　　㉧ 常事
　⑧ 相互　　　㉨ 秋冬
　⑨ 長兄　　　㉩ 父母
　⑩ 春夏　　　㉫ 協助

3. 다음 문항 한글을 한자(한문)로 나타내어라.
   ① 입학 ② 물건 ③ 대금 ④ 공책 ⑤ 성공
   (   ) (   ) (   ) (   ) (   )

   ⑥ 지금 ⑦ 평안 ⑧ 필요 ⑨ 결과 ⑩ 약속
   (   ) (   ) (   ) (   ) (   )

4. 다음 문항 한문에 음을 달아 보자.
   ① 反省 ② 原因 ③ 良心 ④ 公式 ⑤ 入退
   (   ) (   ) (   ) (   ) (   )

   ⑥ 方向 ⑦ 火災 ⑧ 時計 ⑨ 平均 ⑩ 班長
   (   ) (   ) (   ) (   ) (   )

5. 다음 빈 □ 속에 알맞은 한자를 써 넣어라.
   ① 使□料   ② 自□車   ③ 溫□計
   ④ 先□後人 ⑤ 馬耳□風 ⑥ 能小□大
   ⑦ 出嫁□人 ⑧ 多□多病 ⑨ 正松□竹
   ⑩ 男兒一言, 重□金

   〔정답은 271쪽〕

2과정

넷째 단계 학습

3차 관문, 총정리 20문제 실시

○ 2차 관문인 실력테스트에 통과(합격)한 것을 우선 진심으로 축하한다.
○ 3차 관문인 총정리는 2과정에 배정된 132자 모두를 활용하여 간단한 문장으로 된 힘다루기를 실시하기로 한다. 내용은 다소 부실하지만 주로 읽기에 중점을 두었기 때문에 이해하기 바란다.

　배정된 132자를 1자도 빠뜨림 없이 모두 활용하였기 때문에 읽어 보고 모르는 한자 수를 세어 보고 100점에서 초과된 32점을 빼면 자신의 득점이 되는 것이다.

　실시하여 만약 채점한 결과 70점 미만일 경우는 다시 분발하여 처음부터 첫째 단계 학습으로 반복 되풀이 연습을 계속해야 할 것이다.

〈실시 요령〉

① **실시 시간** : 40~50분까지(시간 엄수)
② **답지 마련** : 일반 공책에 줄을 그어 132번까지 써 넣기
③ **채　　점** : 정답란을 보고 ○, ×표로 채점하기
　　　　　　 1문×1점으로 계산하여 32점을 빼기

채점 요령

채점	1문에 1점씩 계산, 100−32−☒=득점	
	득점 (　　　) 점	스스로 평가 스스로 채점

| 2과정 132자 |    |

① 今日부터 五, 七, 八日 乃지 火, 木요日에 相담을 합시다.

② 充分한 計획으로 秩序와 順序를 지켜 病院으로 가자.

③ 世上의 美人들은 平均 어느 정도 幸福하겠습니까?

④ 忠告듣고 約束을 하고 能力 있는 敎師회에 加入했다.

⑤ 只今 家屋에서 沐浴하고 兒童과 美風良俗을 배웠다.

⑥ 家族과 함께 反省하고 汽車를 타는 데 成功을 하였다.

⑦ 學校를 出發하여 有終의 美를 達成하게 되었다.

⑧ 克己정신으로 料理方式에 따라 長短도 있었다.

⑨ 體育을 하고자 付託을 하였고 다른 契約도 하였다.

⑩ 出嫁外人인 立장에서 그 事件을 禁止시켰다.

⑪ 火災를 막는 看板은 重要하고 또한 必用하다.
　　□　　　□□　□□　　　　□□

⑫ 昨年에 相互 연락하여 班長이 된 후 急行列車를 탔다.
　□□　□□　　　　　□□　　　□□

⑬ 空冊을 荷物車에 싣고 銀行에 稅金을 내었다.
　□□　□　　　　　□　　□

⑭ 溫度의 是非로 內申서가 늦게서야 到着하였다.
　□□　□□　□□　　　　　□□

⑮ 春夏秋冬時에 安心하고 그것을 建立하겠다.
　□□□□□　□　　　　　□□

⑯ 최근 面長室에는 常時로 馬耳東風격이다.
　　　□□□　□□　□□□□

⑰ 百番 說明을 듣고서야 伐竹材品을 보게 되었다.
　□□　　　　　　　　□□□□

⑱ 그 時代末에서야 後悔하고 나는 協助하게 되었다.
　　　□□　　　□　　　　　□□

⑲ 凡 私 兵 使 原 因 以 退
　□　□　□　□　□　□　□　□

⑳ 永 向 泉 君 松 試 誠
　□　□　□　□　□　□　□

[정답은 271쪽]

| 3과정 | | 첫째 단계 학습 |

한자 156자 배정

21 ~ 33 ㉠ 읽기(필순) 공부 실시
　　　　　 ㉡ 쓰기 공부 실시

학습 시간 : 매일 오후 휴식 시간 중 30분 정도 활용
학 습 량 : 한자를 하루에 한두 자씩 익히기
소요 시간 : 156자 4개월(120일) 만에 마칠 예정

※ 1년은 365일이다. 공부하는 데 부담 없이 매일(일요일 제외) 한두 자씩 능력별로 조금씩 꾸준히 학습해 나가는 것이 중요하다.
　　한자 공부는 다른 과목과 달라 기계식, 속성식으로 나가는 교과가 아니고 한자 쓰기에 중점을 두고 각자의 노력 여하가 성공의 길임을 명심하여야 할 것이다.

● **쓰기(필순)에 유의할 한자**

別	衰	乘	旣	偉	間
다를 별	쇠할 쇠	탈 승	이미 기	위대할 위	사이 간
(p. 92 참조)	(p. 98 참조)	(p. 100 참조)	(p. 102 참조)	(p. 106 참조)	(p. 106 참조)

● **3과정에서 나오는 한자의 성어와 숙어**

① 一石二鳥(일석이조)　② 十常八九(십상팔구)
③ 同名異人(동명이인)　④ 大同小異(대동소이)
⑤ 曰可曰否(왈가왈부)　⑥ 天地神明(천지신명)
⑦ 自初至終(자초지종)　⑧ 貧者小人(빈자소인)
⑨ 旣往之事(기왕지사)　⑩ 家和萬事成(가화만사성)

● **평소 별로 쓰이지 않는 한문**

① 箱子(상자)   ② 消息(소식)   ③ 菓子(과자)   ④ 果實(과실)
⑤ 卓球(탁구)   ⑥ 煉炭(연탄)

기초 한자 1,800자 외에 추가 선정한 44자 한자

교육용 기초 한자 1,800자를 제정 실시한 지 이미 20년이란 긴 세월이 흘렀으므로 시대적 변천과 독자의 편의에 부응하고자 현실적으로 활용 가치가 있는 44자를 추가로 선정 보완하였다.

추가 선정한 한자를 소개하면 아래와 같다.

* 가나다 순

嫁	憾	巾	拷	菓	購	汽		垈		拉	煉	療		帽
가	감	건	고	과	구	기		대		랍	련	료		모

搬	俸	訃	賻	釜		獅	徙	箱	貰	紹	搜		握	閱	曜
반	봉	부	부	부		사	사	상	세	소	수		악	열	요

愉	誼		彫	綜	做	週	註	竣	診	震		札	撤	締	蹴
유	의		조	종	주	주	주	준	진	진		찰	철	체	축

卓	託		鋪	褒
탁	탁		포	포

3과정 156자 한자집계표

획순별	획순별 학습 한자 내용													계
一	乙													1
三	山	士												2
四	曰	介	支	比										4
五	可	半	甲	石	令	仕	丙	市	本	目	札			11
六	再	同	仲	寺	考	肉	任	衣	刑	字	全			11
七	否	利	求	初	希	別	忍	佛	壯	局	赤			11
八	和	枕	奉	念	店	果	味	服	卒	泊	招	狀	卓	13
九	者	怒	食	英	耐	界	軍	査	枯	科	故	炭	洋	待	14
十	益	神	害	起	衰	高	記	消	息	差	員	書	倉	庫	乘	訓	22
	剛	氣	缺	席	酒	釜									
十一	旣	移	異	魚	途	貧	鳥	望	國	習	帳	淸	掃	動	責	球	27
	許	婚	偉	現	部	連	商	通	宿	麥	紹				
十二	答	間	盛	買	場	統	雄	富	隊	結	貯	絡	植	週	菓	15
十三	萬	道	損	會	話	賃	路	較	鄕	電	業	過	煉		13
十四	漢	罰	語	實										4
十五	節	賣	請	熱	慾	箱								6
十九	贊													1
二一	鐵													1
합계														156

○표 속의 한자는 기초 한자 외에서 선정한 한자임.

21-ㄱ 읽기 (필순) 공부

乙	山	士
一획 새 **을**	三획 뫼 **산**	선비 **사**
曰	介	支
四획 말할 **왈**	소개할 **개**	가지 **지**
比	可	半
견줄 **비**	五획 옳을 **가**	반 **반**
甲	石	令
갑옷 **갑**	돌 **석**	명령할 **령**

쓰기 공부 21-ㄴ

↳ 연필로 연습

乙 을	乙		乙	乙			
山 산	丨 山 山		山	山			
士 사	一 十 士		士	士			
日 왈	丨 冂 日 日		日	日			
介 개	丿 人 介 介		介	介			
支 지	一 十 ㅏ 支		支	支			
比 비	一 ㅏ ㅏ 比		比	比			
可 가	一 ㄱ 丂 ㅁ 可		可	可			
半 반	丶 丶 ㅛ ㅛ 半		半	半			
甲 갑	丨 冂 日 日 甲		甲	甲			
石 석	一 ㄱ ㅈ 石 石		石	石			
令 령	丿 人 亼 令 令		令	令			

3과정 첫째 단계 학습

읽기 (필순) 공부

仕	丙	市
버슬할 사	남녘 병	저자 시
本	目	札
근본 본	눈 목	편지 찰
再	同	仲
六획 두번 재	같을 동	둘째(버금, 가운데) 중
寺	考	肉
절 사	생각할 고	고기 육

쓰기 공부

연필로 연습

仕 사	ノ 亻 仁 什 仕	仕	仕
丙 병	一 丆 丙 丙 丙	丙	丙
市 시	丶 亠 宀 市 市	市	市
本 본	一 十 才 木 本	本	本
目 목	丨 冂 目 目 目	目	目
札 찰	一 十 才 木 札	札	札
再 재	一 丆 百 帀 再 再	再	再
同 동	丨 冂 冂 同 同 同	同	同
仲 중	ノ 亻 仁 仁 仲 仲	仲	仲
寺 사	一 十 土 圭 寺 寺	寺	寺
考 고	一 十 土 耂 耂 考	考	考
肉 육	丨 冂 内 内 肉 肉	肉	肉

23-ㄱ 읽기 (필순) 공부

任	衣	刑
맡길 임	옷 의	형벌 형
字	全	否
글자 자	온전할 전	七획 아니 부, 막힐 비
利	求	初
이로울 리	구할 구	처음 초
希	別	忍
바랄 희	다를 별	참을 인

쓰 기 공 부

연필로 연습

任 임	ノ イ 亻 亻 仟 任	任	任			
衣 의	` 一 ナ 产 衣 衣	衣	衣			
刑 형	一 二 干 开 刑 刑	刑	刑			
字 자	` 丷 宀 宀 宁 字	字	字			
全 전	ノ 人 へ 今 仝 全	全	全			
否 부	一 ア 才 不 否 否	否	否			
利 리	一 二 千 禾 禾 利 利	利	利			
求 구	一 十 寸 才 求 求 求	求	求			
初 초	` 亠 礻 礻 礻 初 初	初	初			
希 희	ノ メ 二 产 产 术 希 希	希	希			
別 별	` 口 口 另 另 別 別	別	別			
忍 인	フ 刀 刃 刃 忍 忍 忍	忍	忍			

3과정 첫째 단계 학습

24-ㄱ 읽기 (필순) 공부

佛	壯	局
부처 **불**	씩씩할 **장**	부분(관서, 판) **국**
赤	和	枕
붉을 **적**	八획 화목할 **화**	베개 **침**
奉	念	店
받들 **봉**	생각할 **념**	가게 **점**
果	味	服
과실 **과**	맛볼 **미**	옷 **복**

쓰기 공부 24-ㄴ

↳ 연필로 연습

佛 불	ノ イ 亻 仁 仁 佛 佛	佛	佛
壯 장	ㅣ ㅓ ㅕ ㅕ ㅕ- 壯 壯	壯	壯
局 국	¬ ㄱ 尸 吊 局 局 局	局	局
赤 적	一 十 土 产 赤 赤 赤	赤	赤
和 화	一 二 千 千 禾 禾 和 和	和	和
枕 침	一 十 才 木 杧 杧 枕	枕	枕
奉 봉	一 二 三 声 夫 奉 奉	奉	奉
念 념	ノ 人 人 今 今 念 念 念	念	念
店 점	、 亠 广 广 庁 庁 店 店	店	店
果 과	ㅣ 口 日 日 旦 甲 果 果	果	果
味 미	ㅣ 口 口 口 叶 吽 味 味	味	味
服 복	) 月 月 月 肝 服 服 服	服	服

3과정 첫째 단계 학습 95

25-ㄱ 읽기 (필순) 공부

卒	泊	招
군사(마칠) 졸	쉴(배 댈) 박	부를 초
狀	卓	者
모양 상, 문서 장	탁자(책상) 탁	九획 사람(놈) 자
怒	食	英
성낼 노	먹을 식	꽃부리(뛰어날) 영
耐	界	軍
견딜(참을) 내	지경(경계) 계	군사 군

쓰기 공부

25-ㄴ

↱ 연필로 연습

卒 졸	丶 一 广 亠 卆 夵 卒 卒	卒	卒			
泊 박	丶 冫 氵 氵 汩 泊 泊 泊	泊	泊			
招 초	一 亅 扌 扌 扚 扨 招 招	招	招			
狀 상	丨 爿 爿 爿 爿 状 狀 狀	狀	狀			
卓 탁	丨 卜 上 占 占 卣 卓 卓	卓	卓			
者 자	一 十 土 耂 耂 者 者 者 者	者	者			
怒 노	乚 夊 女 奴 奴 奴 怒 怒 怒	怒	怒			
食 식	丿 人 ᄉ 今 今 令 食 食 食	食	食			
英 영	一 十 艹 艹 苂 苂 英 英 英	英	英			
耐 내	一 丆 厂 厅 而 而 耐 耐 耐	耐	耐			
界 계	丨 口 四 囲 田 甼 畀 界 界	界	界			
軍 군	丶 冖 冖 冖 曱 盲 盲 軍 軍	軍	軍			

3과정 첫째 단계 학습 97

읽기 (필순) 공부

查	枯	科
조사할 사	마를 고	과거(과목) 과
故	炭	洋
연고 고	숯(석탄) 탄	큰바다 양
待	益	神
기다릴 대	十획 더할 익	귀신(정신) 신
害	起	衰
해칠 해	일어날 기	쇠할 쇠

쓰기 공부

26-ㄴ

査 사	一 十 才 木 木 杳 杳 杳 査	査	査
枯 고	一 十 才 木 木 枋 杜 枯 枯	枯	枯
科 과	ノ 二 千 千 禾 禾 科 科 科	科	科
故 고	一 十 十 古 古 古 故 故 故	故	故
炭 탄	ノ 屮 屮 屮 屵 屵 炭 炭 炭	炭	炭
洋 양	丶 冫 氵 氵 泞 洋 洋 洋 洋	洋	洋
待 대	ノ ク 彳 彳 袢 袢 待 待	待	待
益 익	丶 丷 产 产 产 益 益 益 益	益	益
神 신	一 二 亍 亍 示 示 祀 祀 神	神	神
害 해	丶 宀 宁 宁 宇 害 害 害 害	害	害
起 기	一 十 土 丰 丰 走 走 起 起 起	起	起
衰 쇠	一 二 广 亠 亨 亨 亨 衰 衰	衰	衰

3과정 첫째 단계 학습 99

읽기 (필순) 공부

高	記	消
높을 고	적을 기	끌 소
息	差	員
숨쉴 식	다를 차	관원 원
書	倉	庫
글 서	창고 창	창고 고
乘	釜	訓
탈 승	가마솥 부	가르칠(훈계할) 훈

쓰기 공부

高 고	、 一 十 古 古 高 高 高 高 高	高	高
記 기	、 一 二 三 言 言 言 記 記 記	記	記
消 소	、 冫 氵 浐 浐 浐 浐 消 消 消	消	消
息 식	' ｲ 白 白 自 自 自 息 息 息	息	息
差 차	、 丷 并 并 差 羊 羊 差 差 差	差	差
員 원	、 口 口 戶 月 月 員 員 員 員	員	員
書 서	一 ユ ヨ 聿 聿 書 書 書 書 書	書	書
倉 창	ノ 人 人 今 今 슮 슮 倉 倉 倉	倉	倉
庫 고	、 一 广 广 庐 庐 庐 庫 庫	庫	庫
乘 승	ノ 二 千 千 壬 乘 乘 乘 乘 乘	乘	乘
釜 부	ノ 八 父 父 父 父 爷 釜 釜 釜	釜	釜
訓 훈	、 一 二 言 言 言 言 訓 訓 訓	訓	訓

읽기 (필순) 공부

剛	氣	缺
굳셀 **강**	기운 **기**	빌(모자랄) **결**
席	酒	旣
자리 **석**	술 **주**	十一획 이미 **기**
移	異	魚
옮길 **이**	다를 **이**	고기 **어**
途	貧	鳥
길 **도**	가난할 **빈**	새 **조**

쓰기 공부

연필로 연습

剛 강	1 刀 刀 冈 冈 冈 冈 岡 岡 剛 剛	剛	剛			
氣 기	ノ ト ケ 气 气 气 気 氧 氧 氣	氣	氣			
缺 결	ノ ト 느 午 午 缶 缶 缷 缺 缺	缺	缺			
席 석	丶 一 广 广 广 庐 庐 庐 席 席	席	席			
酒 주	丶 冫 氵 汀 汀 沂 洒 洒 洒 酒	酒	酒			
旣 기	ノ イ 白 白 白 自 皀 皀 皀 旣 旣	旣	旣			
移 이	ノ 二 千 千 禾 利 移 移 移 移	移	移			
異 이	丶 口 四 四 田 里 里 畢 畢 異 異	異	異			
魚 어	ノ ク 勺 与 布 角 魚 魚 魚 魚	魚	魚			
途 도	ノ 八 へ 今 今 余 余 涂 涂 涂 途	途	途			
貧 빈	ノ 八 分 分 夯 夯 貧 貧 貧 貧	貧	貧			
鳥 조	ノ 广 户 户 户 皀 鳥 鳥 鳥 鳥 鳥	鳥	鳥			

읽기 (필순) 공부

29 - ㄱ

望	國	習
바랄 **망**	나라 **국**	익힐 **습**
帳	淸	掃
장부(휘장) **장**	맑을 **청**	쓸 **소**
動	紹	責
움직일 **동**	소개할 **소**	꾸짖을(책임) **책**
球	許	婚
구슬 **구**	허락할 **허**	혼인할 **혼**

쓰기 공부

29-ㄴ

연필로 연습

望 망	丶 亠 亡 切 玗 玥 玥 玥 望 望 望	望	望
國 국	丨 冂 冂 冋 冋 同 國 國 國 國	國	國
習 습	丆 ヨ ヨ 羽 羽 羽 羽 羽 習 習 習	習	習
帳 장	丨 口 巾 帄 帄 帄 帄 帄 帳 帳 帳	帳	帳
淸 청	丶 冫 氵 汀 氵 汢 沽 淸 淸 淸 淸	淸	淸
掃 소	一 十 扌 扫 扫 扫 扫 掃 掃 掃 掃	掃	掃
動 동	丶 亠 千 台 台 重 重 重 動 動	動	動
紹 소	ㄥ 乡 幺 糸 糸 糸 紗 紹 紹 紹	紹	紹
責 책	一 二 三 主 青 青 青 青 青 責 責	責	責
球 구	一 丁 王 王 丑 玗 玗 球 球 球	球	球
許 허	丶 亠 亠 言 言 言 言 許 許 許	許	許
婚 혼	乚 乂 女 女 妒 妒 妒 婚 婚 婚 婚	婚	婚

3과정 첫째 단계 학습 105

읽기 (필순) 공부

30 - ㄱ

偉	現	部
위대할 위	나타날 현	나눌 부
連	商	通
이을 련	장사 상	통할 통
宿	麥	週
묵을(잘) 숙	보리 맥	十二획 주일 주
盛	答	間
성할 성	대답할 답	사이 간

쓰기 공부

연필로 연습

偉 위	ノ イ 亻 亻" 伊 伊 偉 偉 偉 偉	偉	偉
現 현	一 二 F 王 珇 珇 珇 珇 珇 現 現	現	現
部 부	丶 亠 六 立 产 咅 音 音 部 部	部	部
連 련	一 ㄣ 百 亘 亘 車 連 連 連 連	連	連
商 상	丶 亠 六 产 产 商 商 商 商 商	商	商
通 통	フ マ ア 乃 乃 甬 甬 涌 涌 通 通	通	通
宿 숙	丶 宀 宁 宁 宁 宿 宿 宿 宿	宿	宿
麥 맥	一 广 厂 夾 夾 夾 麥 麥	麥	麥
週 주	ノ 刀 月 円 用 周 周 週 週 週 週	週	週
盛 성	ノ 厂 厂 厂 成 成 成 成 成 盛 盛 盛 盛	盛	盛
答 답	ノ ㄏ ㄟ 竹 竹 竺 笁 笁 答 答 答	答	答
間 간		丨 冂 冂 阝 門 門 門 門 問 問 間	間	間

31 - ㄱ 읽기 (필순) 공부

買	場	統
살 매	마당 장	거느릴 통
雄	富	隊
수컷 웅	부자 부	군대 대
菓	結	貯
과자 과	맺을 결	쌓을(저축) 저
絡	植	煉
이을 락	심을 식	**十三劃** 달굴(반죽할) 련

쓰기 공부 ③-ㄴ

↱연필로 연습

買 매	丶 冂 冂 罒 罒 罒 罒 買 買 冒 買 買	買	買			
場 장	一 十 土 圵 圹 坍 坍 坍 垾 場 場	場	場			
統 통	乙 幺 幺 幺 糹 糹 糹 紵 紡 統	統	統			
雄 웅	一 ナ 𠂇 𠂆 𠂆 𠂆 𠂆 雄 雄 雄	雄	雄			
富 부	丶 宀 宀 宁 宁 宫 宫 富 富 富	富	富			
隊 대	丿 阝 阝 阝 阝 阝 阝 阝 阝 隊 隊	隊	隊			
菓 과	一 十 艹 艹 艹 艹 苗 苗 苩 菓 菓	菓	菓			
結 결	乙 幺 幺 幺 糹 糹 糹 紅 結 結 結	結	結			
貯 저	丨 冂 冃 目 目 貝 貝 貯 貯 貯 貯	貯	貯			
絡 락	乙 幺 幺 幺 糹 糹 糹 絃 絃 絡 絡	絡	絡			
植 식	一 十 才 木 木 朾 朾 柿 植 植 植	植	植			
煉 련	丶 丶 火 火 火 炘 炘 炘 煉 煉 煉	煉	煉			

3과정 첫째 단계 학습 109

32-ㄱ 읽기 (필순) 공부

萬	道	損
일만 만	길 도	덜(감할) 손
會	話	賃
모일 회	이야기(말할) 화	품팔이(세낼) 임
路	較	鄕
길 로	견줄 교	고향(시골) 향
電	業	過
전기(번개) 전	업(일할) 업	지날 과

110

읽기 (필순) 공부

연필로 연습

萬 만	一 十 艹 艹 芊 芊 苩 苩 芦 萬 萬 萬	萬	萬
道 도	丶 丷 丷 丷 䒑 芐 首 首 首 道 道 道	道	道
損 손	一 十 才 扌 扩 护 护 捐 捐 捐 損 損	損	損
會 회	丿 人 人 个 仒 会 侖 侖 侖 會 會 會	會	會
話 화	丶 二 亠 言 言 言 言 訁 計 話 話 話	話	話
賃 임	丿 亻 亻 仁 仟 任 任 侟 侟 侟 賃 賃	賃	賃
路 로	丶 口 口 口 ㅁ 足 足 趵 趵 政 政 路 路	路	路
較 교	一 丆 亓 亓 百 亘 車 車 軒 軒 軒 較 較	較	較
鄕 향	彡 彡 彡 纟 纟 纟 纟 纟 绅 绅 郷 郷 郷 鄕	鄕	鄕
電 전	一 厂 厂 币 币 乕 雨 雷 雷 雷 雷 雷 電	電	電
業 업	丶 丷 业 业 业 业 业 业 丵 丵 丵 業 業	業	業
過 과	丨 冂 冂 冋 冎 咼 咼 咼 咼 ⻌過 過 過 過	過	過

쓰기 공부

實	漢	罰
十四획 열매 **실**	한수 **한**	벌줄 **벌**
語	慾	箱
말씀 **어**	十五획 욕심 **욕**	상자 **상**
節	賣	請
마디 **절**	팔 **매**	청할 **청**
熱	贊	鐵
더울 **열**	十九획 찬성할 **찬**	二十一획 쇠 **철**

쓰기공부

33-ㄴ

연필로 연습

實 실	丶 丷 宀 宀 宀 宀 宀 宁 宵 宵 實 實 實 實 實	實	實			
漢 한	丶 冫 冫 冫 冫 冫 冫 汁 汁 洪 洪 漢 漢 漢	漢	漢			
罰 벌	丶 口 罒 罒 罒 罒 罒 罰 罰 罰 罰 罰 罰 罰	罰	罰			
語 어	丶 二 丶 言 言 言 言 言 訂 訢 語 語 語 語	語	語			
慾 욕	丿 八 夕 父 父 谷 谷 谷 谷 欲 欲 欲 慾 慾 慾	慾	慾			
箱 상	丿 ㅏ ㅏ 竹 竹 竹 竹 竹 竺 笶 箱 箱 箱 箱 箱	箱	箱			
節 절	丿 ㅏ ㅏ 竹 竹 竹 竹 竹 笵 筤 筥 筥 箾 節 節	節	節			
賣 매	一 十 士 吉 吉 吉 击 击 责 青 青 青 賣 賣 賣	賣	賣			
請 청	丶 二 丶 言 言 言 言 言 訂 詰 請 請 請 請	請	請			
熱 열	一 十 土 ナ 夫 去 幸 幸 執 執 執 熱 熱 熱 熱	熱	熱			
贊 찬	丿 ㅏ 广 生 步 先 矢 贊 替 替 替 替 替 贊 贊	贊	贊			
鐵 철	丿 ㅏ ㅏ 彡 牟 金 金 金 鈩 鉎 鉎 鐺 鐵 鐵 鐵	鐵	鐵			

3과정 첫째 단계 학습 113

> **3과정**

둘째 단계 학습

1차 관문, 힘다루기 100문제 테스트 실시

공부 시작한 날부터
끝마친 날까지 } 120일(4개월 소요)

매주 토요일마다 총복습을 실시하여 배정된 156자를 모두 익히고 쓸 줄도 알고서 자신이 있다고 판단이 되었을 때 용기를 내어 1차 관문인 힘다루기에 응해 보도록 한다.

〈실시 요령〉

① **정답(채점)표 준비** : 앞서 공책에 만들기를 예시(보기)로 설명을 이미 하였지만 일반 공책에 두 줄로 그어 1번부터 100번까지 번호를 붙여서 정답표를 먼저 만들자.

② **실시 시간** : 소요(배당) 시간은 30~40분까지(시간 엄수)

③ **채 점** : 정답란을 보고 ○, ×표로 하여 1문 1점으로 계산한다.

④ **채점 후 뒤처리** : 채점 결과 70점 이상이면 다음 2차 관문인 실력테스트에 응하되, 만약 70점 미만인 경우에는 다시 첫째 단계 학습 과정을 익히도록 해야 한다. 재분발을 촉구한다.

힘 다루기

3과정 100문제

① 日本 (음) ( )	② 中國 ( )	③ 美國 ( )
우리나라 동쪽에 있는 섬나라	우리나라 서쪽에 있는 나라	아메리카 합중국

④ 英國 ( )	⑤ 正答 ( )	⑥ 入札 ( )	⑦ 全部 ( )
유럽 서쪽에 있는 섬나라	옳은 답	제일 유리한 조건으로 계약키 위해 견적을 받는 일	온통(모두)

⑧ 奉仕 ( )	⑨ 記念 ( )	⑩ 箱子 ( )
남을 위하여 일함	오래도록 기억하여 잊지 않음	나무·대·종이 등으로 만든 그릇

⑪ 科目 ( )	⑫ 枯木 ( )	⑬ 衣服 ( )	⑭ 賃金 ( )	⑮ 偉人 ( )
학문의 구분	말라 죽은 나무	의류(옷)	일에 대한 받을 보수	뛰어난 사람

⑯ 釜山 ( )	⑰ 責任 ( )	⑱ 壯士 ( )
우리나라 제2의 항구 도시	맡아서 해야 할 임무	기력이 넘치는 용감한 사람

⑲ 命令 ( )	⑳ 消息 ( )	㉑ 旅行 ( )
윗사람이 아랫사람에게 내리는 분부	문안 편지	볼일(유람)로 다른 고장, 외국에 감

㉒ 熱中 ( )	㉓ 結局 ( )	㉔ 刑事 ( )	㉕ 罰金 ( )
정신을 한 곳으로 집중시킴	일의 끝장	형법의 적용을 받는 사건	벌로서 내는 돈

㉖ 國語 ( )	㉗ 鐵道 ( )	㉘ 漢文 ( )
국민이 모두 쓰는 그 나라 말	기차나 전차를 다니게 시설한 궤도	한자로 쓴 문장

㉙ 希望 ( )	㉚ 食事 ( )	㉛ 敎員 ( )
기대하여 바람	음식을 먹는 일	교육 기관에서 학생을 지도하는 사람

㉜ 敎訓 ( )	㉝ 貯金 ( )	㉞ 電氣 ( )	㉟ 誠金 ( )
가르치고 훈계함	돈을 모음	전자의 이동으로 생기는 에너지	정성으로 내는 돈

㊱ 現在 ( )	㊲ 菓子 ( )	㊳ 果實 ( )
지금	밀가루, 쌀가루, 설탕으로 만들어 간식으로 먹는 음식	과수에 열리는 열매

㊴ 許可 ( )	㊵ 缺席 ( )	㊶ 宿泊 ( )	㊷ 英雄 ( )
희망을 들어 줌	출석하지 않음	객지에서 잠	재주와 지혜가 매우 뛰어난 사람

㊸ 比較 ( )	㊹ 卓球 ( )	㊺ 肉味 ( )
서로 견주어 봄	높은 상 위에서 공을 치는 실내 운동	고기로 만든 음식

㊻ 考査 ( )	㊼ 乘車 ( )	㊽ 淸掃 ( )	㊾ 道路 ( )	㊿ 節約 ( )
시험	차를 탐	깨끗이 소제함	길	아끼어 비용이 나지 않게 함

㉛ 通過 ( )	㉜ 損害 ( )	㉝ 倉庫 ( )	㉞ 慾心 ( )	㉟ 富者 ( )
지나감	해를 봄	곳간(곳집)	하고자 하는 마음	재산이 넉넉한 사람

㊱ 贊成 ( )	㊲ 結婚 ( )	㊳ 故鄕 ( )
옳다고 동의함	혼인 관계를 맺음	자기가 태어나고 자란 고장

㊴ 連絡 ( )	㊵ 萬事 ( )	㊶ 赤十字 ( )
서로 사정을 알림	온갖 일	흰 바탕에 붉은색으로 십자형을 나타낸 휘장

㊷ 煉炭 ( )	㊸ 卒業式 ( )	㊹ 一週間 ( )
가루 석탄을 반죽하여 만든 연료	졸업장을 주는 예식	7일 동안(일주일)

㊺ 甲乙丙 ( )	㊻ 支店長 ( )	㊼ 忍耐心 ( )
순서, 우열을 가리키는 말	본점 밑에 있는 영업의 장	참고 견디는 마음

⑥⑧ 洋服商 ( )	⑥⑨ 佛國寺 ( )	⑦⓪ 仲介者 ( )
양복을 만들거나 파는 가게	경주의 동남쪽에 있는 절	중개하는 사람
⑦① 請求書 ( )	⑦② 學習帳 ( )	⑦③ 紹介所 ( )
금전이나 물건을 요구하는 문서	배워 익히는 데 쓰이는 공책	소개를 해 주는 곳
⑦④ 動植物 ( )	⑦⑤ 金剛山 ( )	⑦⑥ 招待狀 ( )
동물과 식물	강원도 북부에 있는 명산	어떤 모임에 오기를 청하는 편지
⑦⑦ 南北統一 ( )	⑦⑧ 賣買市場 ( )	⑦⑨ 人間差別 ( )
남쪽과 북쪽이 합쳐 하나로 만듦	팔고 사고 하는 시장	사람을 구별해 가름

⑧⓪ 一石二鳥 ( )
돌 하나로 던져서 새 두 마리를 잡음(한 가지 일로 두 가지 이익을 얻음)

⑧① 十常八九 ( )	⑧② 途中下車 ( )
열 가운데서 여덟, 아홉은 그러함	차를 타고 가다가 도중에서 내림
⑧③ 同名異人 ( )	⑧④ 上山求魚 ( )
이름은 같으나 사람이 다름	산 위에서 물고기를 구함(되지 않는 일을 비유)
⑧⑤ 大同小異 ( )	⑧⑥ 曰可曰否 ( )
대체로 같고 조금 다름	어떤 일에 좋거니 좋지 않거니 하고 말함
⑧⑦ 利害相半 ( )	⑧⑧ 再起不能 ( )
이로움과 해로움이 서로 반반씩	다시 일어설 능력이 전연 없음

⑧⑨ 天地神明 ( )	⑨⓪ 自初至終 ( )	⑨① 世界平和 ( )
우주를 다스리는 신령	처음부터 끝까지의 과정	세계 전체의 평화

㉜ 貧者多事	㉝ 貧者小人
( )	( )
가난한 사람은 일이 많다	가난한 자는 굽히는 일이 많아서 졸장부가 됨

㉞ 怒甲移乙	㉟ 旣往之事
( )	( )
갑에게서 당한 노염을 을에게 화풀이 한다는 뜻	이미 지나간 일

㊱ 益者三友
( )
유익한 세 가지의 벗(㉠정직한 사람, ㉡지식이 있는 사람, ㉢친구 도리를 지키는 사람)

㊲ 盛者必衰	㊳ 高枕短命
( )	( )
한 번 성한 자는 반드시 쇠할 때가 온다	베개를 높이 베고 자면 명이 짧다

㊴ 家和萬事成
( )
가정이 화목하면 모든 일이 잘 이루어진다

㊵ 大魚中魚食, 中小魚食
( )
큰 고기는 중간 고기를 잡아 먹고, 중간 고기는 작은 고기를 잡아 먹고 산다

[정답은 271쪽]

비슷한 모양의 한자

┌ 九(구) : 九月(구월)
└ 丸(환) : 丸藥(환약)

┌ 大(대) : 大地(대지)
└ 丈(장) : 丈夫(장부)

┌ 曰(왈) : 子曰(자왈)
└ 日(일) : 日時(일시)

┌ 主(주) : 主人(주인)
└ 壬(임) : 壬時(임시)

┌ 土(토) : 農土(농토)
└ 士(사) : 紳士(신사)

┌ 己(기) : 自己(자기)
└ 巳(사) : 巳時(사시)

┌ 木(목) : 植木(식목)
└ 禾(화) : 禾穀(화곡)

┌ 王(왕) : 王國(왕국)
└ 玉(옥) : 玉稿(옥고)

┌ 水(수) : 藥水(약수)
└ 氷(빙) : 氷雪(빙설)

┌ 太(태) : 太陽(태양)
└ 犬(견) : 犬馬(견마)

┌ 午(오) : 正午(정오)
└ 牛(우) : 牛乳(우유)

┌ 友(우) : 友情(우정)
└ 反(반) : 反抗(반항)

┌ 代(대) : 代父(대부)
└ 伐(벌) : 討伐(토벌)

┌ 北(북) : 南北(남북)
└ 兆(조) : 吉兆(길조)

┌ 末(미) : 未來(미래)
└ 末(말) : 終末(종말)

┌ 申(신) : 申氏(신씨)
└ 甲(갑) : 甲乙(갑을)

┌ 巨(거) : 巨大(거대)
└ 臣(신) : 臣下(신하)

┌ 具(구) : 器具(기구)
└ 貝(패) : 貝物(패물)

┌ 住(주) : 住宅(주택)
└ 往(왕) : 往來(왕래)

┌ 恩(은) : 恩惠(은혜)
└ 思(사) : 思想(사상)

3과정 **셋째 단계 학습**

2차 관문, 실력테스트 5문제 테스트 실시

○ 1차 관문인 힘다루기 100문제 테스트에 통과(합격)한 것을 우선 진심으로 축하한다. 노력의 대가로 성취한다는 것은 매우 즐거운 일이다.

○ 2차 관문인 실력테스트는 주로,
　㉠ 서로 뜻이 통하는 한문 숙어가 되게 선으로 잇기 문제
　㉡ 한글로 되어 있는 것을 한문으로 나타내는 문제
　㉢ 한문에 음 쓰기 문제
　㉣ 빈 □ 속에 알맞는 한자 써 넣기 문제 등이 출제되어 있다.

〈 실시 요령〉

① **실시 시간** : 10분~20분까지(시간 엄수)
② **답지 마련** : 일반 공책에 50번까지 써 넣기
③ **채　　점** : 정답란을 보고 ○, ×표 하기
　　　　　　1문×2점으로 계산
④ **채점 후 뒤처리** : 채점 결과 70점 미만인 경우에는 다시 배정된 한자 156자의 총복습 과정을 밟도록 해야 한다.
　　평소의 노력이 부족하였고 책임 학습이 부족했음을 자인하여 재분발, 소기의 목적 달성에 배전의 노력을 촉구한다.

3과정
5문제

1. 다음 ㉠줄 한자와 ㉡줄 한자하고 서로 뜻이 통하는 한문 숙어가 되도록 선으로 이어라.

	①	②	③	④	⑤	⑥	⑦	⑧	⑨	⑩
㉠	日	中	入	全	記	奉	科	箱	賃	衣
㉡	國	本	部	札	仕	念	子	目	服	金
	㉠	㉡	㉢	㉣	㉤	㉥	㉦	㉧	㉨	㉩

2. 다음 ㉠줄 한문과 ㉡줄 한문하고 서로 뜻이 통하는 한문 숙어가 되게 선으로 이어라.

㉠ → ㉡

㉠ ① 南北　　㉡ ㉠ 市場
　② 賣買　　　㉡ 差別
　③ 人間　　　㉢ 統一
　④ 一石　　　㉣ 八九
　⑤ 十常　　　㉤ 二鳥
　⑥ 途中　　　㉥ 異人
　⑦ 同名　　　㉦ 下車
　⑧ 上山　　　㉧ 小異
　⑨ 大同　　　㉨ 曰否
　⑩ 曰可　　　㉩ 求魚

120

3. 다음 문항 한글을 한자(한문)로 나타내어라.

① 영 국 ② 정 답 ③ 입 찰 ④ 봉 사 ⑤ 부 산
(   ) (   ) (   ) (   ) (   )

⑥ 책 임 ⑦ 명 령 ⑧ 소 식 ⑨ 여 행 ⑩ 열 중
(   ) (   ) (   ) (   ) (   )

4. 다음 한문에 음을 달아 보자.

① 偉 人 ② 壯 士 ③ 結 局 ④ 刑 事 ⑤ 漢 文
(   ) (   ) (   ) (   ) (   )

⑥ 希 望 ⑦ 食 事 ⑧ 敎 員 ⑨ 鐵 道 ⑩ 比 較
(   ) (   ) (   ) (   ) (   )

5. 다음 빈 □ 속에 알맞은 한자를 써 넣어라.

① 甲□丙   ② 忍耐□   ③ 金剛□

④ 利害相□   ⑤ 天□神明   ⑥ 自初□終

⑦ 世界□和   ⑧ 怒□移乙   ⑨ 家和萬□成

⑩ 大魚中魚食, 中□魚食

〔정답은 272쪽〕

| 3과정 |

넷째 단계 학습

3차 관문, 총정리 20문제 실시

○ 2차 관문인 실력테스트에 통과(합격)한 것을 우선 진심으로 축하한다.
○ 3차 관문인 총정리는 3과정에 배정된 156자 모두를 활용하여 간단한 문장으로 된 힘다루기를 마지막으로 실시하기로 한다. 대체로 내용은 부실하지만 주로 한자 읽기에 중점을 두었기 때문에 이해하기 바란다.

　배정된 156자를 1자도 빠뜨림 없이 모두 활용하였기 때문에 읽어 보고 모르는 한자 수를 세어 보고 100점에서 초과된 56점을 빼면 자신의 득점이 되는 것이다.

　실시하여 만약 채점한 결과 70점 미만일 경우에는 다시 분발하여 처음부터 첫째 단계 학습만을 반복 연습을 계속해야 할 것이다.

〈실시 요령〉

① **실시 시간** : 40~50분까지(시간 엄수)
② **답지 마련** : 일반 공책에 줄을 그어 156번까지 써 넣기
③ **채　　점** : 정답란을 보고 ○, ×표로 채점하기
　　　　　　 1문×1점으로 계산하여 56점을 빼기

채점 요령

채점	1문에 1점씩 계산, 100−56−☒=득점	
	득점 (　　　) 점	스스로 평가 스스로 채점

| 3과정 156자 |

① 學習帳을 갖고 洋服입은 偉大한 仲介士입니다.
　　□□　　　　□□　　□　　□□□

② 世界에서 日本은 軍部隊를 가졌고, 漢字를 쓴다.
　　□　　　□　　□□□　　　　□□

③ 商店 會員수가 差異나 缺席을 하게 되었다.
　　□□　□□　　□□　□□

④ 市場 倉庫의 半을 每日 淸掃하는 것이 可한가?
　　□□　□□　□　　□□　□□　　　　□

⑤ 忍耐心으로 奉仕하고 神佛山에서 消息을 듣자.
　　□□□　　　□□　　□□□　　　□□

⑥ 乙支路에서 別故없이 結果서를 求했다.
　　□□□　　□□　　　□□　　□

⑦ 利益, 損害를 감안하고 招請狀을 比較했다.
　　□□　□□　　　　　□□□　　□□

⑧ 그 科目을 希望하여 石炭 때는 방에서 宿泊했다.
　　　□□　□□　　　□□　　　　　□□

⑨ 英雄은 富者인지 國鐵을 타고 通過하였다.
　　□□　□□　　□□　　　□□

⑩ 移動한 電業局에서 나는 肉食하였다.
　　□□　□□□　　　　□□

⑪ 責任지고 紀念節에 賣買하였다.
　　□□　　□□□　　□□

⑫ 釜山의 高賃金으로 甲乙丙의 名札이 있다.
　　□　　□□　　　□□□　　□□

⑬ 世월이 盛衰하므로 許婚書를 보내었다.
　　　　　□□　　　□□□

⑭ 再同寺의 果實이 剛氣가 있다.
　　□□□　□□　□□

⑮ 烏 球 連 酒 萬 道 話 鄕 怒
　　□ □ □ □ □ □ □ □ □

⑯ 全 考 衣 刑 否 初 壯 赤 和
　　□ □ □ □ □ □ □ □ □

⑰ 枕 味 卒 卓 曰 令 査 枯 待
　　□ □ □ □ □ □ □ □ □

⑱ 乘 訓 旣 魚 途 貧 麥 紹
　　□ □ □ □ □ □ □ □

⑲ 答 間 統 貯 起 絡 植 週
　　□ □ □ □ □ □ □ □

⑳ 煉 罰 語 熱 現 慾 贊 箱
　　□ □ □ □ □ □ □ □

〔정답은 272쪽〕

124

| 4과정 |

첫째 단계 학습

한자 180자 배정

34 ~ 48 ㉠ 읽기(필순) 공부 실시
㉡ 쓰기 공부 실시

학습 시간 : 매일 오후 휴식 시간 중 30분 정도 활용
학 습 량 : 한자를 하루에 한두 자씩 익히기
소요 시간 : 180자 4개월(120일) 만에 마칠 예정

※ 1년은 365일, 한자 공부는 부담 없이 매일(일요일은 제외) 두 자씩 능력별로 조금씩 꾸준히 학습해 나가는 것이 중요하다.
　　한자 공부는 다른 과목과 달리 속성식으로 익히는 것이 아니고, 한자 쓰기에 중점을 두고 각자의 노력 여하가 성공의 길임을 명심해야 할 것이다.

● **쓰기(필순)에 유의할 한자**

凶	及	弘	甘	免	兔
흉할 **흉**	미칠 **급**	넓을 **홍**	달 **감**	면할 **면**	토끼 **토**
(p. 128 참조)	(p. 128 참조)	(p. 130 참조)	(p. 130 참조)	(p. 134 참조)	(p. 134 참조)

郎	骨	航	恭	徙	術
사내 **랑**	뼈 **골**	배 **항**	공경할 **공**	옮길 **사**	기술(재주) **술**
(p. 138 참조)	(p. 138 참조)	(p. 140 참조)	(p. 142 참조)	(p. 146 참조)	(p. 146 참조)

率	逸	傑	葉	屢	廣
거느릴 **솔** 비율 **률**	뛰어날(숨을) **일**	뛰어날 **걸**	잎 **엽** 땅 이름 **섭**	여러(자주) **루**	넓을 **광**
(p. 146 참조)	(p. 150 참조)	(p. 150 참조)	(p. 152 참조)	(p. 154 참조)	(p. 156 참조)

● 4과정에서 나오는 한자의 성어와 숙어

① 早失父母(조실부모)　　② 無法天地(무법천지)
③ 三尺童子(삼척동자)　　④ 多數可決(다수가결)
⑤ 千萬多幸(천만다행)　　⑥ 單刀直入(단도직입)
⑦ 東問西答(동문서답)　　⑧ 無骨好人(무골호인)
⑨ 百害無益(백해무익)　　⑩ 弘益人間(홍익인간)
⑪ 同床異夢(동상이몽)　　⑫ 怒發大發(노발대발)
⑬ 無子息上八字(무자식상팔자)
⑭ 農者天下之大本(농자천하지대본)

● 평소 별로 쓰이지 않는 한문

① 逃亡(도망)　② 甘酒(감주)　③ 新郞(신랑)　④ 訃告(부고)
⑤ 辱說(욕설)　⑥ 看做(간주)　⑦ 移徙(이사)　⑧ 實踐(실천)

勸學文(권학문), 朱子訓(주자훈)
―학문을 힘쓰게 권하는 글, 주자의 가르침―

少年易老學難成(소년이로학난성)
소년은 늙기 쉽고, 배움은 이루기 어려우니

一寸光陰不可輕(일촌광음불가경)
일초의 시간인들, 가볍게 여기지 말아라.

한자 집계표

4과정 180자

획순별	획순별 학습 한자 내용													계
二	刀	丁												2
三	土	川	亡	也										4
四	尺	太	弔	凶	及	水	王	仁	丹					9
五	失	弘	召	去	包	甘	仙							7
六	好	早	吉	忙	存	吏	交	妃	亦	如				10
七	床	究	含	困	技	免	兎	肖	何	亨				10
八	法	官	易	呼	受	取	拂	肥	爭	底	注	定	舍	拘	拙	表	18
	屈	昏												
九	研	持	指	洗	述	屛	㉠訃							7
十	郞	骨	逃	格	容	恕	座	庭	辱	候	航	栽	浸	泰	紛	疲	24
	海	租	除	射	恭	脈	徑	㉠俸						
十一	問	訪	第	授	規	健	康	培	貨	探	累	庶	務	接	敗	㉠做	29
	訟	陳	販	船	術	豚	率	蛇	庸	涯	淨	崇	㉠徒	
十二	程	訴	單	無	集	陽	勝	揚	援	殘	費	掌	給	勞	雲	惠	25
	寒	街	策	閒	量	逸	湯	傑	喜					
十三	落	葉	義	農	新	募	飮	敬	暗	暖	暇	裏	誇		13
十四	夢	聞	精	墓	漁	算	旗	屢	漂	禍	壽				11
十五	課	價	賞	踐	質	調	廣	槪	數						9
十六	錢	築													2
합계															180

○ 표 속의 한자는 기초 한자 외에서 선정한 한자임.

34 -ㄱ 읽기 (필순) 공부

刀	丁	也
二획 칼 **도**	장정 **정**	三획 어조사 **야**
亡	川	土
죽을(잃을) **망**	내 **천**	흙 **토**
尺	太	弔
四획 자 **척**	클 **태**	조상할 **조**
凶	及	水
흉할 **흉**	미칠 **급**	물 **수**

쓰기 공부

34-ㄴ

연필로 연습

刀 도	ㄱ 刀		刀	刀			
丁 정	一 丁		丁	丁			
也 야	ㄱ 也 也		也	也			
亡 망	丶 一 亡		亡	亡			
川 천	丿 丿 川		川	川			
土 토	一 十 土		土	土			
尺 척	ㄱ ㄲ 尸 尺		尺	尺			
太 태	一 ナ 大 太		太	太			
弔 조	ㄱ ㄲ 弓 弔		弔	弔			
凶 흉	丿 乂 凶 凶		凶	凶			
及 급	丿 乃 乃 及		及	及			
水 수	亅 水 水 水		水	水			

35 - ㄱ   읽기 (필순) 공부

王	仁	丹
임금 왕	어질 인	붉을 단
失	弘	召
[五획] 잃을 실	넓을 홍	부를 소
去	包	甘
갈 거	쌀 포	달 감
仙	好	早
신선 선	[六획] 좋을 호	일찍 조

130

쓰기 공부

35-ㄴ

↳ 연필로 연습

王 왕	一 丁 干 王	王	王	
仁 인	ノ イ 仁 仁	仁	仁	
丹 단	ノ 刀 月 丹	丹	丹	
失 실	ノ ヒ 二 乍 失	失	失	
弘 홍	フ コ 弓 弘 弘	弘	弘	
召 소	フ 刀 刀 召 召	召	召	
去 거	一 十 土 去 去	去	去	
包 포	ノ ケ 勹 匁 包	包	包	
甘 감	一 十 廿 甘 甘	甘	甘	
仙 선	ノ イ 仆 仙 仙	仙	仙	
好 호	く 夕 女 女 好 好	好	好	
早 조	一 口 曰 旦 早	早	早	

4과정 첫째 단계 학습 131

36-ㄱ 읽기 (필순) 공부

吉	忙	存
길할 길	바쁠 망	있을 존
吏	交	妃
관리 리	사귈 교	왕비 비
亦	如	床
또 역	같을 여	七획 평상 상
究	舍	困
연구할 구	품을 함	어려울(곤할) 곤

132

쓰기 공부

한자	필순		
吉 길	一 十 士 吉 吉 吉	吉	吉
忙 망	丶 丶 忄 忄 忙 忙	忙	忙
存 존	一 ナ 才 存 存 存	存	存
吏 리	一 一 亓 甶 吏 吏	吏	吏
交 교	丶 一 亠 六 芍 交	交	交
妃 비	乚 夂 女 妒 妃 妃	妃	妃
亦 역	丶 一 亠 亣 亦 亦	亦	亦
如 여	乚 夂 女 如 如 如	如	如
床 상	丶 一 广 广 庄 庈 床 床	床	床
究 구	丶 丶 宀 宂 宊 究 究	究	究
含 함	丿 人 亼 今 今 含 含	含	含
困 곤	丨 冂 冃 囲 用 困 困	困	困

읽기 (필순) 공부

技	免	兎
재주 기	면할 면	토끼 토
肖	何	亨
닮을 초	어찌 하	형통할 형
法	官	易
八획　법 법	벼슬 관	바꿀 역, 쉬울 이
呼	受	取
부를 호	받을 수	취할 취

쓰기공부

37-ㄴ

연필로 연습

技 기	一 十 オ 才 打 抟 技	技	技		
冕 면	⼕ ⼕ ⺈ ⻐ ⻐ ⻐ 冕	冕	冕		
兔 토	⼂ ⼂ ⺈ ⺈ ⺈ 兔 兔	兔	兔		
肖 초	⼂ ⼂ ⺌ ⺍ 肖 肖 肖	肖	肖		
何 하	⼂ ⼂ ⼂ ⼂ ⼂ ⼂ 何	何	何		
亨 형	⼂ 一 ⼂ ⼂ ⼂ 亨 亨	亨	亨		
法 법	⼂ ⼂ ⼂ ⼂ ⼂ 法 法 法	法	法		
官 관	⼂ ⼂ ⼂ ⼂ ⼂ 官 官	官	官		
易 역	⼂ ⼂ ⼂ ⼂ ⼂ 易 易	易	易		
呼 호	⼂ ⼂ ⼂ ⼂ ⼂ 呼 呼	呼	呼		
受 수	⼂ ⼂ ⼂ ⼂ ⼂ 受 受	受	受		
取 취	一 ⼂ ⼂ ⼂ ⼂ ⼂ 取 取	取	取		

4과정 첫째 단계 학습 135

38-ㄱ 읽기 (필순) 공부

拂	肥	爭
털 **불**	살찔(거름) **비**	다툴 **쟁**
底	注	定
밑 **저**	물댈 **주**	정할 **정**
舍	拘	拙
집 **사**	잡을 **구**	못날 **졸**
表	屈	昏
거죽 **표**	굽힐 **굴**	어두울 **혼**

쓰기공부 38-ㄴ

연필로 연습

拂 불	一 亅 扌 扌 扩 拈 拂 拂	拂	拂
肥 비	丿 刀 月 月 刖 肥 肥	肥	肥
爭 쟁	丶 丿 爫 爫 爭 爭 爭	爭	爭
底 저	丶 一 广 广 庐 底 底	底	底
注 주	丶 丶 氵 氵 汁 注 注	注	注
定 정	丶 丷 宀 宀 宁 宇 定	定	定
舍 사	丿 人 𠆢 合 全 舍 舍	舍	舍
拘 구	一 亅 扌 扌 扪 拘 拘	拘	拘
拙 졸	一 亅 扌 扎 抖 扡 拙	拙	拙
表 표	一 十 キ 主 寺 丰 表	表	表
屈 굴	丁 コ 尸 尺 屈 屈 屈	屈	屈
昏 혼	一 𠃋 𠃌 氏 氏 昏 昏	昏	昏

4과정 첫째 단계 학습 137

읽기 (필순) 공부

屛	研	持
九획 병풍 **병**	연구할 **연**	가질 **지**
指	洗	計
손가락 **지**	씻을 **세**	부고 **부**
述	徑	郞
지을 **술**	十획 지름길 **경**	사내 **랑**
骨	逃	格
뼈 **골**	달아날 **도**	격식 **격**

쓰기 공부

↳ 연필로 연습

屏 병	屏屏 屏屏	屏	屏			
研 연	一ア厂石石石研 研研	研	研			
持 지	一十才才扌扌持 持持	持	持			
指 지	一十才扌指指指 指指	指	指			
洗 세	丶冫氵氵汗洗洗 洗洗	洗	洗			
訃 부	丶一二宁言言言 訃訃	訃	訃			
述 술	一十才木术术述 述述	述	述			
徑 경	ノク彳彳彳徑徑 徑徑徑	徑	徑			
郎 랑	丶ユ∋彐良良 良郎郎	郎	郎			
骨 골	丶口口咼咼骨 骨骨骨	骨	骨			
逃 도	ノ丿兆兆兆兆 逃逃逃	逃	逃			
格 격	一十才木朾柊格 格格格	格	格			

40 - ㄱ 읽기 (필순) 공부

容	恕	座
얼굴 용	용서할 서	자리 좌
庭	辱	候
뜰 정	욕될 욕	날씨(철) 후
航	栽	浸
배 항	심을 재	잠길 침
泰	俸	紛
클(태산) 태	봉급 봉	어지러울 분

쓰기공부

容 용	丶 丷 宀 宀 宂 宆 宊 宊 容 容	容	容
恕 서	ㄑ ㄣ 女 如 如 如 如 恕 恕 恕	恕	恕
座 좌	丶 一 广 广 庀 庀 庀 座 座 座	座	座
庭 정	丶 一 广 广 庐 庐 庄 庭 庭 庭	庭	庭
辱 욕	一 厂 厂 厂 辰 辰 辰 辰 辱 辱	辱	辱
候 후	丿 亻 亻 仁 伫 伫 伫 伫 候 候	候	候
航 항	丶 丿 月 月 月 舟 舟 舟 舮 航	航	航
栽 재	一 十 土 土 圭 圭 丰 未 栽 栽 栽	栽	栽
浸 침	丶 氵 氵 汀 浔 浔 浸 浸 浸 浸	浸	浸
泰 태	一 二 三 声 夫 秦 泰 泰 泰 泰	泰	泰
俸 봉	丿 亻 亻 仁 仁 伊 伕 俸 俸 俸	俸	俸
紛 분	幺 幺 幺 幺 糸 糸 糸 紛 紛 紛	紛	紛

읽기 (필순) 공부

疲	海	租
고달플 피	바다 해	세금 조
除	射	恭
덜 제	쏠 사	공경할 공
脈	問	訪
줄기(맥) 맥	十一획 물을 문	찾을 방
第	授	規
차례 제	줄 수	법 규

쓰기 공부

연필로 연습

疲 피	、 亠 广 广 疒 疒 疒 疒 疒 疲 疲	疲	疲
海 해	、 丶 氵 氵 汒 汢 海 海 海 海	海	海
租 조	一 二 千 千 禾 禾 和 和 和 和 租	租	租
除 제	' 阝 阝 阝 阝 阡 阦 除 除 除	除	除
射 사	' ⺆ ⺆ 自 自 身 身 射 射	射	射
恭 공	一 十 艹 共 共 共 恭 恭 恭	恭	恭
脈 맥	ノ 丿 月 月 月 肝 肝 脈 脈 脈	脈	脈
問 문	ㅣ 卩 卩 門 門 門 門 問 問 問	問	問
訪 방	、 亠 二 亖 言 言 言 訪 訪 訪	訪	訪
第 제	' ⺈ 쒸 筇 筇 笁 笁 第 第 第	第	第
授 수	一 丁 才 才 扌 扩 扩 拧 授 授 授	授	授
規 규	一 二 ナ 夫 扌 和 規 規 規 規 規	規	規

4과정 첫째 단계 학습 143

읽기 (필순) 공부

健	康	培
튼튼할(굳셀) 건	편안할 강	북돋을 배
貨	探	累
화물(재물) 화	찾을 탐	포갤(더할) 루
庶	務	接
여러 서	힘쓸 무	댈 접
敗	做	崇
패할 패	지을 주	높일 숭

144

쓰기 공부

연필로 연습

健 건	ノ 亻 亻 仁 伊 伊 伊 伊 偉 健 健 健	健	健
康 강	、 亠 广 户 户 庐 庐 唐 康 康	康	康
培 배	一 十 土 圠 圹 圹 圹 垆 垆 培 培	培	培
貨 화	ノ 亻 亻 化 化 乍 貨 貨 貨 貨 貨	貨	貨
探 탐	一 丁 扌 扌 扩 扩 护 押 捍 探 探	探	探
累 루	丶 口 四 田 田 甲 畧 畧 累 累 累	累	累
庶 서	、 亠 广 户 户 庐 庐 庐 庐 庶 庶	庶	庶
務 무	ㄱ ㄲ 又 矛 矛 矜 矜 矜 務 務	務	務
接 접	一 丁 扌 扌 扩 扩 护 护 接 接 接	接	接
敗 패	丨 冂 冃 月 目 貝 貝 貝 敗 敗 敗	敗	敗
做 주	ノ 亻 亻 仁 什 估 估 做 做 做 做	做	做
崇 숭	丶 屮 屮 屮 屮 岁 岩 崇 崇 崇 崇	崇	崇

4과정 첫째 단계 학습 145

읽기 (필순) 공부

訟	陳	販
송사할 송	진술할(말할) 진	팔 판
徙	船	術
옮길 사	배 선	기술(재주) 술
豚	率	蛇
돼지 돈	거느릴 솔, 비율 률	뱀 사
庸	涯	淨
떳떳할 용	물가(끝) 애	깨끗할 정

146

쓰기 공부

연필로 연습

訟 송	、 ニ ㆍ 宀 言 言 言 言 訁 訟 訟	訟	訟			
陳 진	㇀ 阝 阝 阝 阽 阽 阽 陌 陳 陳 陳	陳	陳			
販 판	丨 冂 冃 月 目 貝 貝 貯 貯 販 販	販	販			
徒 사	ノ 彳 彳 彳 彳 彳 彳 徉 徒 徒 徒	徒	徒			
船 선	丿 ㇒ 凢 月 月 舟 舟 舩 舩 船 船	船	船			
術 술	ノ ク 彳 彳 彳 ㇒ 休 術 術 術 術	術	術			
豚 돈	丿 冂 月 月 肝 肝 肝 肝 肜 豚 豚	豚	豚			
率 솔	、 亠 亡 玄 玄 玄 玄 玆 玆 率 率	率	率			
蛇 사	、 口 口 中 虫 虫 虫 虵 虵 蛇 蛇	蛇	蛇			
庸 용	、 亠 广 庁 庐 序 序 庐 庐 庐 庸	庸	庸			
涯 애	、 氵 氵 氵 汀 沪 沪 泹 泹 涯 涯	涯	涯			
淨 정	、 氵 氵 氵 氵 氵 氵 淨 淨 淨 淨	淨	淨			

읽기 (필순) 공부

訴	程	單
十二획 하소연할 소	한도 정	홀로 단
無	集	陽
없을 무	모을 집	볕 양
勝	揚	援
이길 승	올릴 양	도울 원
殘	費	掌
남을 잔	비용 비	손바닥(맡을) 장

쓰기 공부

연필로 연습

訴 소	丶 亠 亠 訁 訁 言 言 訁 訂 訢 訴 訴	訴	訴			
程 정	ノ 二 千 千 禾 禾 和 和 和 程 程 程	程	程			
單 단	丶 ㅁ ㅁ ㅁ ㅁㅁ ㅁㅁ ㅁ甲 ㅁ甲 單 單 單	單	單			
無 무	ノ 亠 亠 仁 鈕 缶 缶 無 無 無 無 無	無	無			
集 집	ノ 亻 亻 亻 仁 仁 佳 佳 隹 隹 集 集	集	集			
陽 양	' 弓 阝 阝 阝日 阝日 阝日 阝日 阝日 阝旦 陽 陽	陽	陽			
勝 승	ノ 刀 月 月 月 朕 朕 朕 朕 朕 勝 勝	勝	勝			
揚 양	一 丁 扌 扌 扌 扫 扫 护 护 拐 揚 揚	揚	揚			
援 원	一 丁 扌 扌 扌 扩 扩 护 护 捋 援 援	援	援			
殘 잔	一 ㄅ 歹 歹 歹 死 殘 殘 殘 殘 殘 殘	殘	殘			
費 비	一 丆 ㄢ 弗 弗 弗 弗 弗 費 費 費 費	費	費			
掌 장	' ㄴ ㅛ 丷 ㅛ 冖 冖 冖 堂 堂 堂 掌	掌	掌			

읽기 (필순) 공부

給	勞	雲
줄(급여) **급**	수고할 **로**	구름 **운**
惠	寒	街
은혜 **혜**	찰 **한**	거리 **가**
策	閑	量
계책 **책**	한가할 **한**	용량 **량**
逸	湯	傑
뛰어날(숨을) **일**	온천 **탕**	뛰어날 **걸**

쓰기 공부

연필로 연습

給 급	給	
勞 로	勞	
雲 운	雲	
惠 혜	惠	
寒 한	寒	
街 가	街	
策 책	策	
閑 한	閑	
量 량	量	
逸 일	逸	
湯 탕	湯	
傑 걸	傑	

읽기 (필순) 공부

喜	落	葉
기쁠 희	十三劃 떨어질 락	잎 엽, 땅 이름 섭
誇	義	農
자랑할 과	옳을 의	농사 농
新	募	飮
새 신	모을 모	마실 음
敬	暗	暖
공경할 경	어두울 암	따뜻할 난

쓰기 공부

喜 희	一	十	士	吉	吉	吉	吉	喜	喜		
	吉	吉	吉	喜	喜						
落 락	一	十	十	艹	艹	艹	艹	落	落		
	艹	艿	茨	落	落	落					
葉 엽	一	十	十	艹	艹	艹	艹	葉	葉		
	苎	苎	苹	葉	葉	葉					
誇 과	、	二	三	言	言	言	言	誇	誇		
	言	訁	訜	誇	誇	誇					
義 의	、	二	三	羊	羊	羊	羊	義	義		
	羊	羊	羊	義	義	義					
農 농	丶	口	曲	曲	曲	曲	曲	農	農		
	農	農	農	農	農	農					
新 신	、	二	立	立	立	辛		新	新		
	辛	亲	新	新	新	新					
募 모	一	十	十	艹	艹	苔	苔	募	募		
	苔	莒	莫	莫	募	募					
飮 음	ノ	人	人	今	今	今	食	飮	飮		
	食	食	飣	飮	飮	飮					
敬 경	一	十	十	艹	艹	苟	苟	敬	敬		
	苟	苟	苟	苟	敬	敬					
暗 암	丨	冂	日	日	日	旷		暗	暗		
	旷	旷	暗	暗	暗						
暖 난	丨	冂	日	日	旷	旷		暖	暖		
	旷	旷	旷	暖	暖	暖					

 -ㄱ

읽기 (필순) 공부

暇	裏	壽
한가할 가	속 리	十四획 목숨 수
夢	聞	精
꿈 몽	들을 문	정신 정
墓	漁	算
무덤 묘	고기잡을 어	셈할 산
旗	屢	漂
기 기	여러(자주) 루	떠다닐 표

쓰기 공부

┌ 연필로 연습

暇 가	筆順: 丨 冂 日 日 日' 日' 旷 旷 旷 旷 旷 暇 暇	暇	暇			
裏 리	筆順: 丶 亠 宀 亠 宣 宣 审 审 重 重 重 裏 裏	裏	裏			
壽 수	筆順: 一 十 士 吉 吉 吉 吉 壹 壽 壽 壽 壽 壽 壽	壽	壽			
夢 몽	筆順: 一 艹 艹 艹 艹 艹 艹 艹 莔 莔 夢 夢 夢	夢	夢			
聞 문	筆順: 丨 冂 冂 冂 冂 門 門 門 門 門 門 聞 聞	聞	聞			
精 정	筆順: 丶 丷 丷 斗 米 米 米 米 料 精 精 精 精	精	精			
墓 묘	筆順: 一 十 艹 艹 艹 艹 艹 莫 莫 莫 墓 墓 墓	墓	墓			
漁 어	筆順: 丶 氵 氵 氵 氵 氵 漁 漁 漁 漁 漁 漁 漁	漁	漁			
算 산	筆順: 丿 𠂉 𠂉 𠂉 𠂉 𠂉 𠂉 筍 筍 筍 筧 算 算	算	算			
旗 기	筆順: 丶 亠 方 方 方 方 方 旂 旂 旗 旗 旗 旗	旗	旗			
屢 루	筆順: ㄱ 丆 尸 尸 屈 屈 屈 屋 屋 屢 屢 屢 屢	屢	屢			
漂 표	筆順: 丶 氵 氵 氵 氵 氵 氵 漂 漂 漂 漂 漂 漂	漂	漂			

48 - ㄱ 읽기 (필순) 공부

禍	數	課
재앙 화	十五획 셀 수, 자주 삭	세금매길(부서) 과
價	賞	踐
값 가	상줄 상	행할(밟을) 천
質	調	廣
물을(바탕, 볼모) 질	고를 조	넓을 광
槪	錢	築
대강 개	十六획 돈 전	쌓을 축

쓰기공부

연필로 연습

禍 화	一 ニ 亓 亓 示 礻 礻 礻 礻 禍 禍 禍 禍 禍	禍	禍			
數 수	丶 口 曰 曰 曰 昌 曲 婁 婁 婁 婁 數 數 數	數	數			
課 과	丶 ㅗ ㅕ 言 言 言 言 訁 訁 訌 訌 課 課 課	課	課			
價 가	ノ 亻 亻 亻 价 价 价 價 價 價 價 價 價	價	價			
賞 상	丶 ⺌ ⺌ ⺌ 当 尚 尚 尚 賞 賞 賞 賞 賞 賞	賞	賞			
踐 천	丶 口 口 卩 卩 早 呈 趸 跱 跱 跱 踐 踐 踐	踐	踐			
質 질	一 厂 斤 斤 斤 所 所 所 斦 斦 斦 質 質 質	質	質			
調 조	丶 ㅗ ㅕ 言 言 言 訁 訁 訂 訂 調 調 調 調	調	調			
廣 광	丶 亠 广 广 庐 庐 庐 庐 庐 庐 庐 廣 廣	廣	廣			
概 개	一 十 オ 木 木 朾 相 相 柳 柳 栩 概 概 概	概	概			
錢 전	ノ 人 ト ト 午 牟 金 金 金 鈛 錢 錢 錢 錢 錢	錢	錢			
築 축	ノ 人 ケ ケ 竹 竹 竹 竺 竺 筑 筑 築 築 築	築	築			

4과정

둘째 단계 학습

1차 관문, 힘다루기 100문제 테스트 실시

공부 시작한 날부터 } 120일(4개월 소요)
끝마친 날까지

  매주 토요일마다 총복습을 실시하여 배정된 180자를 모두 익히고 쓸 줄도 알고서 자신이 있다고 판단이 되었을 때 용기를 내어 1차 관문인 힘다루기에 응해 보도록 한다.

〈실시 요령〉

① **정답(채점)표 준비** : 일반 공책에 두 줄로 그어 1번부터 100번까지 번호를 붙여서 정답표를 먼저 만든다.
② **실시 시간** : 소요(배당) 시간은 40~50분까지(시간 엄수)
③ **채 점** : 정답란을 보고 ○, ×표로 하여 1문 1점으로 계산한다.
④ **채점 후 뒤처리** : 채점 결과 70점 이상이면 다음 2차 관문인 실력테스트에 응하되, 만약 70점 미만인 경우에는 다시 첫째 단계 학습 과정을 익히도록 해야 한다. 재분발을 촉구한다.

힘다루기

4과정 100문제

① 王妃	② 召集	③ 呼出	④ 凶作	⑤ 官吏
(음)( )	( )	( )	( )	( )
임금의 아내	불러서 모음	불러냄	농작물이 잘 되지 못함	공무원

⑥ 吉凶	⑦ 包含	⑧ 逃亡	⑨ 多忙
( )	( )	( )	( )
좋은 일과 언짢은 일	그 속에 들어 있음	쫓겨 달아남	일이 많아 매우 바쁨

⑩ 太陽	⑪ 交易	⑫ 甘酒	⑬ 支持
( )	( )	( )	( )
해	서로 물건을 사고 팔고 바꿈	단술	찬동하여 힘써 뒷받침함

⑭ 存在	⑮ 洗面	⑯ 支拂	⑰ 座席	⑱ 及第
( )	( )	( )	( )	( )
현재 있음	얼굴을 씻음	돈을 내줌	앉는 자리	과거(시험)에 합격함

⑲ 法規	⑳ 敗亡	㉑ 泰山	㉒ 俸給	㉓ 殘金
( )	( )	( )	( )	( )
법률상의 규정	패하여 망함	높고 큰 산	직무 보수로 주는 급료	나머지 돈

㉔ 弔問	㉕ 航空	㉖ 肥料	㉗ 新郞
( )	( )	( )	( )
상주에게 위문함	항공기로 공중을 비행함	거름	새로 결혼한 남자

㉘ 貨物	㉙ 車掌
( )	( )
화차 등으로 옮기는 짐	차 안의 승객이나 차의 진행을 맡고 있는 사람

㉚ 硏究	㉛ 援助	㉜ 墓地	㉝ 費用
( )	( )	( )	( )
깊이 조사하고 생각함	도와줌	무덤이 있는 땅	쓰이는 돈

㉞ 賞狀	㉟ 廣場	㊱ 軍旗	㊲ 飮食
( )	( )	( )	( )
상으로 주는 증서	넓은 마당	군대에서 쓰는 기	먹고 마시는 것

㊳ 氣 候	㊴ 容 恕	㊵ 注 射
(　　　)	(　　　)	(　　　)
춥고 따뜻한 날씨의 현상	꾸짖지 않음	침으로 약을 체내에 집어 넣음

㊶ 算 數	㊷ 浸 水	㊸ 免 除	㊹ 海 底
(　　　)	(　　　)	(　　　)	(　　　)
기초적인 셈법	물에 잠김	책임이나 의무를 면함	바다의 밑바닥

㊺ 探 究	㊻ 農 事	㊼ 建 築
(　　　)	(　　　)	(　　　)
더듬어 살펴 깊이 연구함	농사 짓는 일	집·성·다리 등을 세우는 일

㊽ 情 神	㊾ 教 授	㊿ 技 術	(51) 商 船
(　　　)	(　　　)	(　　　)	(　　　)
마음	대학 교원을 통틀어 일컬음	손재주	상업용의 선박(배)

(52) 貧 困	(53) 栽 培	(54) 庶 務
(　　　)	(　　　)	(　　　)
가난하여 살기 어려움	초목을 심어서 기름	특별한 명목이 없는 여러 가지 사무

(55) 租 稅
(　　　)
국가나 자치단체가 일반 경비를 쓰기 위하여 관내의 국민에게서 받아들이는 세금

(56) 接 待	(57) 價 格	(58) 訃 告	(59) 紛 爭
(　　　)	(　　　)	(　　　)	(　　　)
손님을 대접함	값	사람이 죽은 것을 알리는 통지	엉클어져 서로 다툼

(60) 訴 訟	(61) 恭 敬	(62) 販 賣	(63) 健 康
(　　　)	(　　　)	(　　　)	(　　　)
재판을 청구함	삼가 예를 차려 높임	상품을 팖	몸이 튼튼하고 병이 없음

(64) 陳 述	(65) 辱 說	(66) 質 問	(67) 漁 業
(　　　)	(　　　)	(　　　)	(　　　)
자세히 말함	남을 미워하는 말	모르는 것을 물음	고기를 잡는 영업

(68) 調 查	(69) 實 踐	(70) 課 程	(71) 募 集
(　　　)	(　　　)	(　　　)	(　　　)
실정을 살펴 알아봄	실제로 이행함	학년의 정도에 딸린 과목	뽑아서 모음

⑫ 看做	⑬ 疲勞	⑭ 累計	⑮ 移徙	⑯ 受取人
( )	( )	( )	( )	( )
그렇다고 보아둠	고달픔	총계	집을 다른 곳으로 옮김	받는 사람

⑰ 勝利者	⑱ 新聞紙	⑲ 家庭訪問
( )	( )	( )
싸움에 이긴 사람	신문 기사가 인쇄된 종이	직접 가정에 찾아가서 만나봄

⑳ 金錢去來	㉑ 早失父母	㉒ 大義名分
( )	( )	( )
돈이나 물건을 주고받고 함	어려서 부모를 여윔	사람이 지켜야 할 지조와 분수

㉓ 無常出入	㉔ 無法天地
( )	( )
아무 데나 언제나 마음대로 드나듦	법이 없고 무질서하며 난폭한 세상

㉕ 三尺童子	㉖ 多數可決	㉗ 天萬多幸
( )	( )	( )
오륙 세 정도의 아동	찬성이 많은 쪽으로 결정함	매우 다행한 일

㉘ 萬分多幸	㉙ 先貧後富
( )	( )
일이 뜻밖에 잘 되어 매우 다행함	가난하던 사람이 나중에 부자가 됨

㉚ 單刀直入	㉛ 東問西答
( )	( )
혼자서 칼을 휘둘러 적진으로 바로 쳐들어감	물음에 대하여 엉뚱한 대답을 함

㉜ 無骨好人
( )
뼈 없이 좋은 사람(순하여 남의 비위에 두루 맞는 사람)

㉝ 有害無益	㉞ 百害無益
( )	( )
해는 있어도 이익은 없음	온갖 해로움만 있을 뿐 이로움은 조금도 없음

㉟ 弘益人間	㊱ 同床異夢
( )	( )
널리 인간 세계를 이롭게 함	한자리에 자면서 다른 꿈을 꿈

㉗	秋風落葉 ( ) 가을바람에 떨어지는 낙엽	㉘	無子息 上八字 ( ) 자식 없는 것이 도리어 걱정 없어 편함
㉙	怒發大發 ( ) 몹시 성을 냄	⑩	技術天下之大本 ( ) 기술을 갖는 일이 세상 모든 일의 근본이 됨

[정답은 273쪽]

두 가지의 음과 뜻을 가진 한자

한자에는 글자 하나가 두 가지, 또는 극히 드물기는 하지만 세 가지의 음과 뜻을 나타내는 경우가 있다. 이를 일자이음(一字異音)이라고 하는데 그 중요한 예를 수록해 보았다.

降 ┬ 내릴 강 – 降雨(강우)
　 └ 항복할 항 – 降伏(항복)

車 ┬ 수레 거 – 車馬(거마)
　 └ 바퀴 차 – 汽車(기차)

金 ┬ 쇠 금 – 金屬(금속)
　 └ 성 김 – 金氏(김씨)

洞 ┬ 골 동 – 洞里(동리)
　 └ 꿰뚫을 통 – 洞察(통찰)

殺 ┬ 죽일 살 – 殺生(살생)
　 └ 감할 쇄 – 相殺(상쇄)

省 ┬ 살필 성 – 反省(반성)
　 └ 덜 생 – 省略(생략)

說 ┬ 말씀 설 – 說話(설화)
　 ├ 달랠 세 – 遊說(유세)
　 └ 기뻐할 열 – 說喜(열희)

惡 ┬ 모질 악 – 善惡(선악)
　 └ 미워할 오 – 憎惡(증오)

狀 ┬ 문첩 장 – 賞狀(상장)
　 └ 모양 상 – 狀態(상태)

畫 ┬ 그림 화 – 畫家(화가)
　 └ 고를 획 – 畫順(획순)

更 ┬ 다시 갱 – 更新(갱신)
　 └ 고칠 경 – 更迭(경질)

見 ┬ 볼 견 – 見學(견학)
　 └ 나타날 현 – 謁見(알현)

宅 ┬ 살 댁 – 宅內(댁내)
　 └ 집 택 – 宅地(택지)

北 ┬ 북녘 북 – 南北(남북)
　 └ 저버릴 배 – 敗北(패배)

數 ┬ 셀 수 – 數學(수학)
　 └ 자주 삭 – 頻數(빈삭)

率 ┬ 거느릴 솔 – 統率(통솔)
　 └ 비율 률 – 比率(비율)

樂 ┬ 즐거울 락 – 快樂(쾌락)
　 ├ 풍류 악 – 音樂(음악)
　 └ 좋아할 요 – 樂山(요산)

易 ┬ 바꿀 역 – 貿易(무역)
　 └ 쉬울 이 – 容易(용이)

便 ┬ 편할 편 – 便利(편리)
　 └ 오줌 변 – 便器(변기)

行 ┬ 갈 행 – 通行(통행)
　 └ 항렬 항 – 行列(항렬)

4과정 **셋째 단계 학습**

2차 관문, 실력테스트 5문제 테스트 실시

○ 1차 관문인 힘다루기 100문제 테스트에 통과(합격)한 것을 우선 진심으로 축하한다. 노력의 대가로 성취한다는 것은 매우 즐거운 일이다.

○ 2차 관문인 실력테스트는 주로,
- ㉠ 서로 뜻이 통하는 한문 숙어가 되게 선으로 잇기 문제
- ㉡ 한글로 되어 있는 것을 한문으로 나타내는 문제
- ㉢ 한문에 음 쓰기 문제
- ㉣ 빈 □ 속에 알맞는 한자 써 넣기 문제 등이 출제되어 있다.

〈실시 요령〉

① **실시 시간** : 10~20분까지(시간 엄수)
② **답지 마련** : 일반 공책에 50번까지 써 넣기
③ **채   점** : 정답란을 보고 ○, ×표 하기
　　　　　　1문×2점으로 계산
④ **채점 후 뒤처리** : 채점 결과 70점 미만인 경우에는 다시 배정된 한자 180자의 총복습 과정을 밟도록 해야 한다.
　　평소의 노력이 부족하였고, 책임 학습이 부족했음을 자각하여 재분발, 소기의 목적 달성에 배전의 노력을 촉구한다.

1. 다음 ㉠줄 한자와 ㉡줄 한자하고 서로 뜻이 통하는 한문 숙어가 되도록 선으로 이어라.

	①	②	③	④	⑤	⑥	⑦	⑧	⑨	⑩
㉠	王	召	呼	官	吉	包	交	甘	太	賞
㉡	集	出	妃	凶	吏	易	酒	含	狀	陽
	㉠	㉡	㉢	㉣	㉤	㉥	㉦	㉧	㉨	㉩

2. 다음 ㉠줄 한문과 ㉡줄 한문하고 서로 뜻이 통하는 한문 숙어가 되게 선으로 이어라.

㉠ ⟶ ㉡

㉠		㉡	
①	家庭	㉠	去來
②	金錢	㉡	父母
③	早失	㉢	名分
④	大義	㉣	訪問
⑤	三尺	㉤	可決
⑥	多數	㉥	童子
⑦	天萬	㉦	直入
⑧	先貧	㉧	西答
⑨	單刀	㉨	多幸
⑩	東問	㉩	後富

3. 다음 문항 한글을 한자(한문)로 써 보아라.

① 세 면 ② 지 불 ③ 좌 석 ④ 봉 급 ⑤ 비 료
(   ) (   ) (   ) (   ) (   )

⑥ 법 규 ⑦ 신 랑 ⑧ 연 구 ⑨ 산 수 ⑩ 농 사
(   ) (   ) (   ) (   ) (   )

4. 다음 한문에 음을 달아 보자.

① 殘 金 ② 泰 山 ③ 敗 亡 ④ 航 空 ⑤ 墓 地
(   ) (   ) (   ) (   ) (   )

⑥ 氣 候 ⑦ 精 神 ⑧ 課 程 ⑨ 調 査 ⑩ 價 格
(   ) (   ) (   ) (   ) (   )

5. 다음 빈 □ 속에 알맞은 한자를 써 넣어라.

① 萬分□幸   ② 無常□入   ③ 無法□地

④ 有害□益   ⑤ 弘益□間   ⑥ 同床□夢

⑦ 秋□落葉   ⑧ 怒發□發   ⑨ 無子息上□字

⑩ 農者□下之大本

[정답은 274쪽]

| 4과정 | | **넷째 단계 학습** |

3차 관문, 총정리 실시

○ 2차 관문인 실력테스트에 통과(합격)한 것을 우선 진심으로 축하한다.
○ 3차 관문인 총정리는 4과정에 배정된 180자 모두를 음만을 읽도록 하는 힘다루기 문제이다.

　배정된 180자를 1자도 빠뜨림 없이 획순 차례로 나타내었으니 음을 읽어 보고 모르는 한자 수를 세어 보고 100점에서 초과된 80점을 빼면 자신의 득점이 되는 것이다.

　우선 실시하기 전에 4과정의 한자를 다시 총복습하고 자신이 있다고 판단이 되었을 때 실시하기로 하는 것이 좋을 것이다.

〈실시 요령〉

① **실시 시간** : 40~50분까지(시간 엄수)
② **답지 마련** : 일반 공책에 줄을 그어 180번까지 써 넣기
③ **채　　점** : 정답란을 보고 ○, ×표로 하여 채점하기
　　　　　　1문×1점으로 계산하여 80점을 빼기

채점 요령

채점	1문에 1점씩 계산, 100-80-☒=득점	
	득점 (　　　) 점	스스로 평가 스스로 채점

　실시하여 만약 70점 미만일 경우에는 다시 분발하여, 첫째 단계 학습을 반복 연습을 계속해야 할 것이다.

4과정 180자

二획 刀 丁

三획 土 川 亡 也

四획 尺 太 弔 凶 及 氺 王 仁 丹

五획 失 弘 召 去 包 甘 仙

六획 好 早 吉 忙 存 吏 交 妃 亦 如

七획 床 究 含 困 技 免 兎 肖 何 亨

八획 法 官 易 呼 受 取 拂 肥 爭 底 注 定 舍 拘 拙

表 屈 昏

九획 硏 持 指 洗 述 屛 計

十획 郞 骨 逃 格 容 恕 座 庭 辱 候 航 栽 浸 泰 紛

疲 海 租 除 射 恭 脈 俸 徑
□ □ □ □ □ □ □ □ □

十一획 問 訪 第 授 規 健 康 培 貨 探 累 庶 務 接 敗
□ □ □ □ □ □ □ □ □ □ □ □ □ □ □

訟 陳 販 船 術 豚 率 蛇 庸 涯 淨 崇 做 徙
□ □ □ □ □ □ □ □ □ □ □ □ □ □

十二획 程 訴 單 無 集 陽 勝 揚 援 殘 費 掌 給 勞 雲
□ □ □ □ □ □ □ □ □ □ □ □ □ □ □

惠 寒 街 策 閑 量 逸 湯 傑 喜
□ □ □ □ □ □ □ □ □ □

十三획 落 葉 義 農 新 募 飮 敬 暗 暖 暇 裏 誇
□ □ □ □ □ □ □ □ □ □ □ □ □

十四획 夢 聞 精 墓 漁 算 旗 屢 漂 禍 壽
□ □ □ □ □ □ □ □ □ □ □

十五획 課 價 賞 踐 質 調 廣 槪 數
□ □ □ □ □ □ □ □ □

十六획 錢 築
□ □

〔정답은 274쪽〕

5과정

첫째 단계 학습

한자 216자 배정

49~66
- ㉠ 읽기(필순) 공부 실시
- ㉡ 쓰기 공부 실시

학습 시간 : 매일 오후 휴식 시간 중 30분 정도 활용
학 습 량 : 한자를 하루에 2~3자씩 익히기
소요 시간 : 216자 3개월(90일) 만에 마칠 예정

※ 한자 공부는 부담 없이 매일(일요일 제외) 조금씩 능력별로 꾸준히 학습해 나가는 것이 중요하다.

　　한자 공부는 다른 과목과 달라 속성식으로 익히는 것이 아니고 한자 쓰기에 중점을 두어야 하기 때문에 각자의 꾸준한 노력 여하가 성공의 길임을 명심해야 할 것이다.

● **쓰기(필순)에 유의할 한자**

那	版	花	降	勉	革
어찌 나	조각 판	꽃 화	항복할 항 내릴 강	힘쓸 면	가죽 혁
(p. 176 참조)	(p. 178 참조)	(p. 180 참조)	(p. 180 참조)	(p. 182 참조)	(p. 182 참조)
流	貫	陷	虛	圍	貰
흐를 류	꿸(본) 관	빠질 함	빌(헛될) 허	둘레 위	세낼 세
(p. 182 참조)	(p. 188 참조)	(p. 188 참조)	(p. 188 참조)	(p. 190 참조)	(p. 194 참조)
歲	勤	違	葬	盡	憾
나이(해) 세	부지런할 근	어길 위	장사 장	다할 진	섭섭할 감
(p. 194 참조)	(p. 194 참조)	(p. 196 참조)	(p. 198 참조)	(p. 200 참조)	(p. 206 참조)

● **5과정에서 나오는 한자의 성어와 숙어**

① 不知其數(부지기수)   ② 無人之境(무인지경)
③ 下意上達(하의상달)   ④ 父傳子傳(부전자전)
⑤ 同苦同樂(동고동락)   ⑥ 以實直告(이실직고)
⑦ 甘言利說(감언이설)   ⑧ 苦盡甘來(고진감래)
⑨ 虛送歲月(허송세월)   ⑩ 有名無實(유명무실)
⑪ 千不當萬不當(천부당만부당)

● **평소 별로 쓰이지 않는 한문**

① 不肖(불초) ② 馬兎(마토) ③ 亦是(역시) ④ 麥酒(맥주)
⑤ 垈地(대지) ⑥ 首都(수도) ⑦ 山脈(산맥) ⑧ 帽子(모자)
⑨ 拉致(납치) ⑩ 貰房(세방) ⑪ 弔旗(조기) ⑫ 竣工(준공)

'고사성어 모음' 수첩을 마련하자

1과정에서부터 이미 배운 것을 차례로 수첩에 기록하여 수시로 외우도록 노력하자. 고사성어를 많이 익혀두면 남들과 대화할 때 그에 필요한 말을 활용하게 됨으로써 문화인답고, 또한 옛 선비다운 품격을 갖추게 되는 좋은 조건이 되기 때문이다.

한자집계표

5과정 216자

획순별	획순별 학습 한자 내용													계
三	寸	夕	久	弓	于									5
四	六	月	化	引	氏	元	孔	戶						8
五	白	犯	斥	皮	古									5
六	光	伏	印	次										4
七	巡	秀	低	余	判	防	那	抗	改	沙	更			11
八	其	門	油	季	怪	肯	岳	版	社	泳	抱	夜	周 祀 拒 沿	23
	岸	妻	抵	花	近	坌	拉							
九	急	信	施	降	負	勉	派	促	首	思	革	政	怨 突 拷	15
十	流	送	根	笑	値	涉	鬼	配	級	致	殺	破	捕	13
十一	從	陰	專	患	逢	晝	祭	採	副	笛	細	停	啓 唯 透 掠	22
	貪	貫	排	陷	略	陸								
十二	黃	虛	筆	硯	須	粧	視	普	割	智	衆	就	圍 裁 評 備	34
	提	換	揮	尊	都	媒	詐	超	欺	裂	隆	報	貴 帽 貰 握	
	竣	診												
十三	歲	傳	滅	勤	當	意	群	勢	該	資	解	罪	睦 督 感 違	28
	園	想	準	催	幹	葬	著	詳	遊	搖	愁	獅		
十四	盡	境	疑	輕	察	署	蓄	遣	漠	蒙	維	銃	寢 誘 奪 榮	18
	演	慘												
十五	樂	墨	窮	劇	諒	隣	模	樣	髮	膚	墳	影	緣 暫 賤 徹	18
	衝	穀												
十六	戰	豫	獨	機	據	憩	橋	擔	謂	繁	遺	憾		12
합계														216

○표 속의 한자는 기초 한자 외에서 선정한 한자임.

 읽기 (필순) 공부

寸	夕	久
三획 마디(촌수) **촌**	저녁 **석**	오랠 **구**
弓	于	月
활 **궁**	어조사(갈) **우**	四획 달 **월**
化	引	氏
변화할 **화**	끌 **인**	성 **씨**
元	六	孔
으뜸 **원**	여섯 **륙**	구멍 **공**

쓰 기 공 부

연필로 연습

寸 촌	一 寸 寸		寸	寸			
夕 석	ノ ク 夕		夕	夕			
久 구	ノ ク 久		久	久			
弓 궁	ㄱ ㄱ 弓		弓	弓			
于 우	一 二 于		于	于			
月 월	ノ 刀 月 月		月	月			
化 화	ノ イ イ 化		化	化			
引 인	ㄱ ㄱ 弓 引		引	引			
氏 씨	一 匚 氏 氏		氏	氏			
元 원	一 二 テ 元		元	元			
六 육	、 ニ 六 六		六	六			
孔 공	ㄱ 了 子 孔		孔	孔			

5과정 첫째 단계 학습

읽기 (필순) 공부

戶	白	犯
집 호	五획 흰 백	범할 범
斥	皮	古
물리칠 척	가죽 피	예 고
光	伏	印
六획 빛 광	엎드릴 복	도장 인
次	巡	秀
다음 차	七획 순행할 순	빼어날 수

쓰기 공부

연필로 연습

戶 호	` ﾉ 尸 戶	戶	戶			
白 백	` ﾉ 白 白 白	白	白			
犯 범	ノ 丨 犭 犯 犯	犯	犯			
斥 척	｀ 厂 斤 斤 斥	斥	斥			
皮 피	ノ 厂 广 皮 皮	皮	皮			
古 고	一 十 十 古 古	古	古			
光 광	丨 丨 丷 业 学 光	光	光			
伏 복	ノ 亻 亻 什 伏 伏	伏	伏			
印 인	` 丨 F E 印 印	印	印			
次 차	` ﾉ ﾉ 𣥂 次 次	次	次			
巡 순	く 巜 巛 巛 巡 巡 巡	巡	巡			
秀 수	一 二 千 干 禾 秀 秀	秀	秀			

51-ㄱ 읽기 (필순) 공부

低	余	判
낮을 저	나(나머지) 여	판단할 판
防	那	抗
막을 방	어찌 나	대항할 항
改	沙	更
고칠 개	모래(물가, 사막) 사	고칠 경, 다시 갱
其	門	油
八획 그 기	집 문	기름 유

쓰기 공부

低 저	ノ 亻 仁 仟 任 低 低	低	低
余 여	ノ 人 스 슷 슷 余 余	余	余
判 판	、 、 ソ 느 半 判 判	判	判
防 방	ㆍ 乛 阝 阝 阝 防 防	防	防
那 나	刁 オ 手 尹 尹' 那 那	那	那
抗 항	一 寸 扌 扩 扩 抗 抗	抗	抗
改 개	乛 ㄱ 已 已 攺 改 改	改	改
沙 사	、 ; 氵 氵' 沙 沙 沙	沙	沙
更 경	一 丆 币 盲 巨 更 更	更	更
其 기	一 十 艹 十 甘 甘 其 其	其	其
門 문	l 𠃋 𠃋 𠃋' 門 門 門	門	門
油 유	、 ; 氵 氵' 汩 汩 油	油	油

52 - ㄱ 읽기 (필순) 공부

季	怪	肯
철(끝) 계	의심할 괴	즐길(즐기어 할) 긍
岳	版	社
큰산 악	조각 판	모일 사
泳	抱	夜
헤엄칠 영	안을 포	밤 야
周	祀	拒
두루 주	제사 사	막을 거

쓰기 공부

52-ㄴ

↳ 연필로 연습

季 계	一 二 千 禾 禾 季 季 季	季	季			
怪 괴	′ ㅅ ㅏ ㅏ 忄 怀 怪 怪 怪	怪	怪			
肯 긍	丨 十 止 止 肯 肯 肯	肯	肯			
岳 악	′ ┌ ┌ ┌ 丘 乒 岳 岳	岳	岳			
版 판	丿 丿 ㅏ 片 片 片 版 版	版	版			
社 사	一 二 亍 亍 亓 ネ 社 社	社	社			
泳 영	丶 丶 氵 氵 汀 汮 泳 泳	泳	泳			
抱 포	一 十 才 才 扚 抅 抱 抱	抱	抱			
夜 야	丶 一 广 疒 疒 夜 夜 夜	夜	夜			
周 주	丿 冂 冂 円 円 周 周 周	周	周			
祀 사	一 二 亍 亍 亓 祀 祀 祀	祀	祀			
拒 거	一 十 才 才 扩 折 拒 拒	拒	拒			

읽기 (필순) 공부

53 - ㄱ

浴	岸	妻
물따라 연	언덕 안	아내 처
抵	花	近
막을(저당할) 저	꽃 화	가까울 근
垈	拉	怠
집터 대	잡아갈 랍	九劃 게으를 태
信	施	降
믿을 신	베풀 시	항복할 항, 내릴 강

쓰기 공부

한자	획순		
沿 연	丶 氵 氵 氵 沂 沂 沿 / 沿	沿	沿
岸 안	丶 屮 屮 屮 户 户 岸 / 岸	岸	岸
妻 처	一 ヲ 彐 聿 妻 妻 / 妻	妻	妻
抵 저	一 十 扌 扩 扩 扺 抵 / 抵	抵	抵
花 화	一 十 十 艹 艹 艻 花 / 花	花	花
近 근	丿 厂 厂 斤 沂 沂 近 / 近	近	近
垈 대	丿 イ 亻 代 代 伐 垈 / 垈	垈	垈
拉 랍	一 十 扌 扩 扩 扩 拉 / 拉	拉	拉
怠 태	ㄥ ㅅ 厶 台 台 台 怠 / 怠 怠	怠	怠
信 신	丿 イ 亻 仁 信 信 信 / 信 信	信	信
施 시	丶 亠 ㇉ 方 方 方 㫃 / 㫃 施	施	施
降 항	㇉ ㇌ ㇏ 阝 阝 阝 降 / 降 降	降	降

5과정 첫째 단계 학습 181

읽기 (필순) 공부

負	勉	派
질 **부**	힘쓸 **면**	나눌 **파**
促	首	思
재촉할 **촉**	머리 **수**	생각할 **사**
革	政	怨
가죽 **혁**	다스릴 **정**	원망할 **원**
突	拷	流
부딪칠 **돌**	때릴 **고**	十획 흐를 **류**

쓰기 공부

54-ㄴ

↳ 연필로 연습

負 부	ノ ク ク 产 角 角 負 負 負	負	負			
勉 면	ノ ク ク 各 各 岛 免 勉 勉	勉	勉			
派 파	丶 ⺀ 冫 沪 沪 沪 派 派 派	派	派			
促 촉	ノ 亻 亻 俨 伊 伊 佇 促 促	促	促			
首 수	丶 ⺍ 丷 丷 产 产 首 首 首	首	首			
思 사	丶 冂 四 用 田 甲 思 思 思	思	思			
革 혁	一 十 廿 甘 甘 芢 苴 苴 革	革	革			
政 정	一 丁 下 正 正 𠙺 政 政 政	政	政			
怨 원	ノ ク タ タ 夗 夗 怨 怨 怨	怨	怨			
突 돌	丶 ⺀ 宀 宀 穴 空 空 突 突	突	突			
拷 고	一 十 扌 扌 扌 扩 拧 拷 拷	拷	拷			
流 류	丶 冫 氵 浐 浐 浐 浐 浐 流 流	流	流			

55-ㄱ 읽기 (필순) 공부

送	根	笑
보낼 송	뿌리 근	웃을 소
値	涉	鬼
값 치	건널 섭	귀신 귀
配	級	致
짝(나눌) 배	등급 급	이를 치
殺	破	捕
죽일 살, 덜 쇄	깨질 파	잡을 포

쓰기 공부

연필로 연습

送 송	、 ソ ゾ 半 并 芦 关 送 送 送	送	送			
根 근	一 十 十 木 机 柯 柯 柯 根 根	根	根			
笑 소	ノ ト 广 竹 竹 竺 竺 竺 笑	笑	笑			
値 치	ノ 亻 亻 亻 亻 佔 佔 佔 値 値	値	値			
涉 섭	、 冫 氵 氵 沙 沙 涉 涉 涉	涉	涉			
鬼 귀	ノ 亻 宀 向 向 由 角 鬼 鬼 鬼	鬼	鬼			
配 배	一 厂 斤 斤 西 西 酉 酉 酉 配	配	配			
級 급	ㄑ 乡 乡 纟 纟 糸 糸 紉 級 級	級	級			
致 치	一 エ 互 亘 至 至 至 致 致 致	致	致			
殺 살	ノ ㄨ 亍 手 矛 杀 杀 殺 殺 殺	殺	殺			
破 파	一 丆 ナ 石 石 砂 砂 砂 破 破	破	破			
捕 포	一 十 扌 扌 护 折 折 捕 捕 捕	捕	捕			

읽기 (필순) 공부

56-ㄱ

從	陰	專
十一획 따를 **종**	그늘 **음**	오로지 **전**
患	逢	晝
근심(병들) **환**	만날 **봉**	낮 **주**
祭	採	副
제사 **제**	가려낼 **채**	버금(다음) **부**
笛	細	停
피리 **적**	가늘 **세**	멈출 **정**

쓰기 공부

연필로 연습

從 종	ノ ノ 彳 彳 扩 扩 從 從 從 從 從	從	從
陰 음	ㄱ ㄱ ㄲ ㄲ ㄲ 阝 阝 阝 陰 陰 陰 陰	陰	陰
專 전	一 ㄱ ㄹ 亩 百 审 車 車 車 專 專	專	專
患 환	丶 丨 口 口 尸 吕 吕 串 串 患 患 患	患	患
逢 봉	ノ ク 夂 冬 冬 冬 夆 夆 逢 逢 逢	逢	逢
晝 주	ㄱ 中 ㄱ 主 圭 聿 書 書 書 書 晝	晝	晝
祭 제	ノ ク タ 夕 タ 叉 叉 祭 祭 祭 祭	祭	祭
採 채	一 十 扌 扌 扌 扌 扌 抒 採 採 採	採	採
副 부	一 一 戸 冨 戸 冨 冨 冨 冨 副 副	副	副
笛 적	ノ 卜 스 스 竹 竹 竹 笠 笛 笛 笛	笛	笛
細 세	ㄥ 纟 幺 纟 纟 糹 糹 紉 細 細 細	細	細
停 정	ノ 亻 亻 亻 仁 仁 仁 仁 仵 停 停	停	停

5과정 첫째 단계 학습 187

읽기 (필순) 공부

啓	唯	透
가르칠(열) 계	오직 유	통과할 투
掠	貪	貫
노략질할 략	탐낼 탐	꿸(본) 관
排	陷	略
물리칠 배	빠질 함	간략할 략
陸	虛	黃
뭍(육지) 륙	十二劃 빌(헛될) 허	누를 황

쓰기공부

57-ㄴ

연필로 연습

啓 계	丶 亠 亠 戶 戶 所 所 所 啓 啓	啓	啓			
唯 유	丶 口 口 叮 叮 吖 吖 啡 唯 唯	唯	唯			
透 투	一 二 千 千 禾 秀 秀 秀 誘 誘 透	透	透			
掠 략	一 丁 扌 扩 扩 扩 拧 拧 掠 掠	掠	掠			
貪 탐	丿 人 八 今 令 含 含 舍 舍 貪 貪	貪	貪			
貫 관	乚 口 四 毌 毌 貫 貫 貫 貫 貫 貫	貫	貫			
排 배	一 丁 扌 扎 扎 扌 扌 排 排 排	排	排			
陷 함	丶 阝 阝 阝 阡 阡 陷 陷 陷 陷	陷	陷			
略 략	丨 口 四 田 田 田 町 町 畋 略 略	略	略			
陸 륙	丶 阝 阝 阝 阡 陸 陸 陸 陸 陸	陸	陸			
虛 허	丨 卜 广 卢 虍 虎 虎 虛 虛 虛 虛	虛	虛			
黃 황	一 十 艹 廾 丗 丗 苗 苗 黃 黃 黃	黃	黃			

읽기 (필순) 공부

筆	硯	須
붓 **필**	벼루 **연**	필요할 **수**
粧	視	普
단장할 **장**	볼 **시**	넓을 **보**
割	智	衆
가를 **할**	지혜 **지**	무리 **중**
就	圍	裁
이룰 **취**	둘레 **위**	결단할(마를) **재**

쓰기 공부

연필로 연습

筆 필	ノ ⺮ ⺮ ⺮ ⺮ ⺮ 竺 笁 笁 笙 筆	筆	筆
硯 연	一 ア 丆 石 石 矴 矵 砚 砚 硯 硯 硯	硯	硯
須 수	ノ ク 彡 纟 纩 沜 沔 須 須 須 須 須	須	須
粧 장	丶 丷 丷 斗 米 米 米 籵 籵 籹 粧 粧	粧	粧
視 시	一 亠 亍 亓 示 礻 衤 視 袒 袒 祖 視	視	視
普 보	丶 丷 丷 ⺍ 艹 並 並 並 並 普 普 普	普	普
割 할	丶 宀 宀 宀 宀 宔 害 害 害 害 割	割	割
智 지	ノ ヒ 드 午 矢 知 知 知 知 智 智 智	智	智
衆 중	ノ 亠 六 血 血 血 衆 衆 衆 衆 衆	衆	衆
就 취	丶 二 亠 亣 夻 亨 京 京 京 尌 就 就	就	就
圍 위	丨 冂 冂 冃 冃 周 周 周 周 圍 圍 圍	圍	圍
裁 재	一 十 土 圡 圭 圭 圭 圭 圭 裁 裁 裁	裁	裁

읽기 (필순) 공부

評	備	提
평론할 평	준비할(갖출) 비	들 제
換	揮	尊
바꿀 환	휘두를 휘	높을 존
都	媒	詐
도읍 도	중매 매	속일 사
超	欺	裂
넘을 초	속일 기	찢어질 렬

쓰기 공부

연필로 연습

評 평	丶 亠 亠 言 言 言 言 言 訂 訂 評	評	評
備 비	ノ 亻 亻 亻 伫 伫 伊 伊 併 備 備 備	備	備
提 제	一 十 扌 扌 扩 扩 扣 捍 捍 捍 提 提	提	提
換 환	一 十 扌 扌 扩 扩 护 抡 抡 抡 換 換	換	換
揮 휘	一 十 扌 扌 扩 扩 扣 捐 捐 捐 揮 揮	揮	揮
尊 존	丶 丷 艹 产 产 芮 芮 芮 酋 酋 尊 尊	尊	尊
都 도	一 十 土 尹 耂 者 者 者 者 者 都 都	都	都
媒 매	乚 夊 女 女 妒 妒 妯 妯 媒 媒 媒 媒	媒	媒
詐 사	丶 亠 亠 言 言 言 言 訁 訐 訐 詐 詐	詐	詐
超 초	一 十 土 卡 キ 丰 走 走 起 起 起 超 超	超	超
欺 기	一 十 艹 廿 甘 其 其 其 欺 欺 欺	欺	欺
裂 렬	一 ア 歹 歹 列 列 列 列 裂 裂 裂 裂	裂	裂

읽기 (필순) 공부

隆	報	貴
성할 **륭**	갚을(알릴) **보**	귀할 **귀**
帽	貰	握
모자 **모**	세낼 **세**	잡을 **악**
竣	診	歲
끝날 **준**	진찰할 **진**	十三劃 나이(해) **세**
傳	滅	勤
전할 **전**	멸망할 **멸**	부지런할 **근**

쓰기 공부

연필로 연습

隆 륭	隆		
報 보	報		
貴 귀	貴		
帽 모	帽		
貰 세	貰		
握 악	握		
竣 준	竣		
診 진	診		
歲 세	歲		
傳 전	傳		
滅 멸	滅		
勤 근	勤		

읽기 (필순) 공부

當	意	群
마땅할 당	뜻 의	무리 군
勢	該	資
세력 세	그 해	재물(자본) 자
解	罪	睦
풀 해	허물 죄	화목할 목
督	感	違
감독할 독	느낄 감	어길 위

쓰기 공부

연필로 연습

當 당	當 자를 쓰는 필순	當	當			
意 의	意 자를 쓰는 필순	意	意			
群 군	群 자를 쓰는 필순	群	群			
勢 세	勢 자를 쓰는 필순	勢	勢			
該 해	該 자를 쓰는 필순	該	該			
資 자	資 자를 쓰는 필순	資	資			
解 해	解 자를 쓰는 필순	解	解			
罪 죄	罪 자를 쓰는 필순	罪	罪			
睦 목	睦 자를 쓰는 필순	睦	睦			
督 독	督 자를 쓰는 필순	督	督			
感 감	感 자를 쓰는 필순	感	感			
違 위	違 자를 쓰는 필순	違	違			

5과정 첫째 단계 학습

읽기 (필순) 공부

園	想	準
뜰 **원**	생각할 **상**	법도(표준) **준**
催	幹	葬
재촉할 **최**	줄기 **간**	장사 **장**
著	詳	遊
지을 **저**, 입을 **착**	자세할 **상**	놀 **유**
搖	愁	獅
흔들릴 **요**	근심할 **수**	사자 **사**

쓰기 공부

↳ 연필로 연습

園 원	丨 冂 冂 冃 冃 周 周 周 周 周 園 園 園	園 園
想 상	一 十 オ 木 朾 和 相 相 相 相 想 想 想	想 想
準 준	丶 冫 氵 氵 汀 汁 汁 汁 汁 淮 淮 進 準	準 準
催 최	ノ 亻 亻 亻' 亻' 亻' 亻' 亻' 亻' 俨 催 催 催	催 催
幹 간	一 十 十 古 古 古 直 卓 乹 乹 乹 幹	幹 幹
葬 장	一 十 十 艹 艹 艹 芦 芦 芬 荐 葬 葬 葬	葬 葬
著 저	一 十 十 艹 艹 艹 芏 苎 苧 著 著 著 著	著 著
詳 상	丶 亠 二 言 言 言 言 言 訁 訂 訊 詳 詳	詳 詳
遊 유	丶 亠 亐 方 方 方 扩 扩 斿 斿 游 游 遊	遊 遊
搖 요	一 十 扌 扌 扌 扌 扌 扌 扌 扌 择 择 搖 搖	搖 搖
愁 수	丿 二 千 壬 禾 禾 禾' 秋 秋 秋 愁 愁 愁	愁 愁
獅 사	丿 犭 犭 犭 犭 犭 犭 犭 犭 獅 獅 獅 獅	獅 獅

읽기 (필순) 공부

盡	境	疑
十四획 다할 진	경계 경	의심할 의
輕	察	署
가벼울 경	살필 찰	관청 서
蓄	遣	漠
저축 축	보낼 견	사막 막
蒙	維	銃
어릴 몽	맬 유	총 총

쓰기 공부

연필로 연습

盡 진	그	ㅋ	ㅋ	聿	聿	聿	聿	盡	盡			
	肀	肀	肀	聿	盡	盡	盡					
境 경	一	十	土	圠	圹	圹	圹	境	境			
	圹	圻	垃	培	境	境	境					
疑 의	丶	匕	匕	듣	늗	돧	듯	疑	疑			
	矣	矣	铌	矣	疑	疑	疑					
輕 경	一	戸	戸	戸	百	亘	車	輕	輕			
	車	軒	車	輕	輕	輕	輕					
察 찰	丶	丷	宀	宀	宀	宀	宀	察	察			
	宀	究	宓	宓	察	察	察					
署 서	丨	冂	罒	罒	罒	罒	甼	署	署			
	罗	罗	罗	署	署	署	署					
蓄 축	一	十	十	艹	艹	艹	艹	蓄	蓄			
	艹	芸	苎	蓄	蓄	蓄	蓄					
遣 견	丶	口	中	中	虫	串	貴	遣	遣			
	貴	貴	貴	遣	遣	遣	遣					
漠 막	丶	氵	氵	氵	汁	汁	汁	漠	漠			
	沖	沖	漠	漠	漠	漠	漠					
蒙 몽	一	十	十	艹	艹	艹	艹	蒙	蒙			
	艹	艹	艹	蒙	蒙	蒙	蒙					
維 유	乙	纟	纟	纟	纟	糸	紂	維	維			
	紉	紉	紳	絆	維	維	維					
銃 총	丿	人	亼	亼	全	全	余	銃	銃			
	金	金	鈊	鈊	鈊	銃	銃					

읽기 (필순) 공부

64 - ㄱ

寢	誘	奪
잘 **침**	꾀일 **유**	빼앗을 **탈**
慘	演	榮
참혹할 **참**	연습할 **연**	영화 **영**
樂	墨	窮
十五획 즐길 **락**, 풍류 **악**	먹 **묵**	궁할 **궁**
劇	諒	隣
연극 **극**	용서할 **량**	이웃 **린**

202

쓰기 공부

寢 침	寢 획순	寢
誘 유	誘 획순	誘
奪 탈	奪 획순	奪
慘 참	慘 획순	慘
演 연	演 획순	演
榮 영	榮 획순	榮
樂 락	樂 획순	樂
墨 묵	墨 획순	墨
窮 궁	窮 획순	窮
劇 극	劇 획순	劇
諒 량	諒 획순	諒
隣 린	隣 획순	隣

 읽기 (필순) 공부

模	樣	髮
본보기 **모**	모양 **양**	머리털 **발**
膚	墳	影
피부 **부**	무덤 **분**	그림자 **영**
緣	暫	賤
인연(연분) **연**	잠깐 **잠**	천할 **천**
徹	衝	穀
뚫을 **철**	부딪칠 **충**	곡식 **곡**

쓰기 공부

한자	필순							쓰기	
模 모	一	十	才	木	术	栌	栏	模	模
	栏	栏	档	档	模	模			
樣 양	一	十	才	木	术	栏	栏	樣	樣
	栏	样	样	样	樣	樣			
髮 발	ノ	厂	F	F	巨	長	長	髮	髮
	髟	髟	髟	髣	髣	髮	髮		
膚 부	丶	卜	广	广	庐	虍	虎	膚	膚
	虜	虜	膚	膚	膚	膚	膚		
墳 분	一	十	土	圠	圹	圠	坤	墳	墳
	圹	培	堉	墳	墳	墳			
影 영	ノ	口	日	日	旦	早	景	影	影
	景	景	景	景	景	影	影		
緣 연	乚	幺	幺	幺	糹	糹	紗	緣	緣
	紗	紗	紗	緣	緣	緣			
暫 잠	一	厂	亓	百	亘	車	車	暫	暫
	斬	斬	斬	斬	暫	暫			
賤 천	丨	冂	月	月	目	貝	貝	賤	賤
	貝	賎	賎	賎	賤	賤			
徹 철	ノ	ノ	彳	彳	彳	徉	徉	徹	徹
	徉	徉	徉	徉	徹	徹			
衝 충	ノ	ノ	彳	彳	彳	彳	衎	衝	衝
	衎	褌	褌	褌	褌	衝			
穀 곡	一	十	士	吉	声	吉	壴	穀	穀
	殻	殻	殻	穀	穀	穀			

읽기 (필순) 공부

豫	獨	機
十六획 미리 예	홀로 독	기계 기
據	憩	戰
의지할 거	쉴 게	싸울 전
橋	擔	謂
다리 교	맡을 담	일컬을 위
繁	遺	憾
번영할 번	남길 유	섭섭할 감

쓰기 공부

연필로 연습

豫 예	ㄱ マ ヌ 予 予 予 予 予 / 孖 豫 豫 豫 豫 豫 豫 豫	豫	豫			
獨 독	ノ ㇆ 犭 犭 犭 犭 犭 犭 / 犸 獨 獨 獨 獨 獨 獨	獨	獨			
機 기	一 十 才 木 木 栌 栌 栌 / 栌 栌 栌 栌 桦 機 機 機	機	機			
據 거	一 十 才 扌 扩 扩 扩 / 扩 扩 扩 扌 據 據 據 據	據	據			
憩 게	ノ 二 千 千 舌 舌 舌 舌 / 刮 刮 刮 舥 憩 憩 憩	憩	憩			
戰 전	㇉ ㇌ 吅 吅 吅 門 門 / 門 門 單 單 單 戰 戰 戰	戰	戰			
橋 교	一 十 才 木 木 栌 栌 杯 / 栌 橋 橋 橋 橋 橋 橋	橋	橋			
擔 담	一 十 才 扌 扩 扌 扌 / 扌 扌 扌 擔 擔 擔 擔	擔	擔			
謂 위	ヽ 二 シ 言 言 言 言 / 訂 訂 訂 訂 謂 謂 謂	謂	謂			
繁 번	ノ ㇆ 乍 乍 缶 缶 缶 / 缶 敏 敏 敏 繁 繁 繁	繁	繁			
遺 유	㇀ ㅁ ㅁ 中 虫 虫 虫 虫 / 貴 貴 貴 貴 遺 遺 遺 遺	遺	遺			
憾 감	ヽ ㇀ ト ㅏ ㅏ ㅏ 忄 / 忓 忓 憾 憾 憾 憾 憾 憾	憾	憾			

207

| 5과정 |

둘째 단계 학습

1차 관문, 힘다루기 100문제 테스트 실시

공부 시작한 날부터 } 90일(3개월 소요)
끝마친 날까지

매주 토요일마다 총복습을 실시하여 배정된 216자를 모두 익히고 쓸 줄도 알고 자신이 있다고 판단이 되었을 때 용기를 내어 1차 관문인 힘다루기에 응해 보도록 한다.

〈실시 요령〉

① **정답(채점)표 준비** : 일반 공책에 두 줄로 그어 1번부터 100번까지 번호를 붙여서 정답표를 먼저 만든다.
② **실시 시간** : 40~50분까지(시간 엄수)
③ **채 점** : 정답란을 보고 ○, ×표로 하여 1문 1점으로 계산한다.
④ **채점 후 뒤처리** : 채점 결과 70점 이상이면 다음 2차 관문인 실력테스트에 응하되, 만약 70점 미만인 경우에는 다시 첫째 단계 학습 과정을 익히도록 해야 한다. 재분발을 촉구한다.

힘 다 루 기

5과정 100문제

① 不肖 (음)( )	② 余白 ( )	③ 山岳 ( )	④ 怪物 ( )	⑤ 馬兎 ( )
못난 아들	남은 빈자리	크고 작은 모든 산	괴상하게 생긴 물건	말과 토끼
⑥ 秀才 ( )	⑦ 早起 ( )	⑧ 亦是 ( )		⑨ 必須 ( )
학문, 재능이 뛰어난 사람	아침에 일찍 일어남	또한		꼭 없어서는 안 됨
⑩ 高低 ( )	⑪ 水泳 ( )	⑫ 勢力 ( )	⑬ 採用 ( )	⑭ 比率 ( )
높고 낮음	헤엄치기	권세의 힘	사람을 씀	비교하여 헤아림
⑮ 正義 ( )			⑯ 提出 ( )	
사람으로서 지켜야 하는 올바른 도리			문안 건의, 법안 등을 내어 놓음	
⑰ 資本 ( )	⑱ 犯罪 ( )	⑲ 專門 ( )		⑳ 公園 ( )
영업의 기본이 되는 돈이나 물자	죄를 지음	한 가지 일에만 오로지 함		유원지
㉑ 晝夜 ( )	㉒ 肯定 ( )	㉓ 視力 ( )	㉔ 麥酒 ( )	㉕ 周圍 ( )
낮과 밤	그렇다고 인정함	보이는 눈의 능력	보리로 만든 술	둘레
㉖ 見學 ( )		㉗ 降伏 ( )		㉘ 割引 ( )
실지로 보고 지식을 얻음		힘에 눌려 적에게 굴복함		정가에서 얼마를 감함
㉙ 就業 ( )	㉚ 市街 ( )	㉛ 垈地 ( )		㉜ 交涉 ( )
업무에 종사함	도시의 큰 길거리	집터		일을 이루기 위하여 의논함
㉝ 交換 ( )	㉞ 違反 ( )	㉟ 首都 ( )		㊱ 山脈 ( )
서로 바꿈	법률, 규약, 약속 등을 어김	한 나라의 중앙(서울)		산악의 줄기

5과정 둘째 단계 학습

㊲ 獨 立	㊳ 豫 定	㊴ 化 粧	㊵ 智 能
( )	( )	( )	( )
제 힘으로 섬	일에 앞서 작정함	얼굴을 곱게 꾸밈	지식과 재능

㊶ 獅 子	㊷ 季 節	㊸ 裁 判
( )	( )	( )
고양이과의 사나운 짐승	철(절기)	옳고 그름을 살펴서 심판함

㊹ 祭 祀	㊺ 思 想	㊻ 尊 重
( )	( )	( )
신령에게 음식을 바치어 정성을 표하는 예절	생각	높이고 중하게 여김

㊼ 普 通	㊽ 感 動	㊾ 帽 子
( )	( )	( )
예사로운 것	깊이 느끼어 마음이 움직임	머리에 쓰는 것

㊿ 握 手	(51) 患 者	(52) 巡 察
( )	( )	( )
손을 서로 잡음	병을 앓는 사람	두루 다니며 민정을 살핌

(53) 抱 負	(54) 勝 負	(55) 鬼 神
( )	( )	( )
마음에 품고 있는 생각과 자신	이기고 지는 것	눈에 잘 뵈지 않는 무서운 신령

(56) 拉 致	(57) 實 施	(58) 貰 房
( )	( )	( )
억지로 데리고 감	실제로 행함	세를 받고 빌려 주는 방

(59) 勤 勉	(60) 價 値	(61) 豚 舍	(62) 和 睦
( )	( )	( )	( )
부지런히 힘씀	값어치	돼지를 기르는 집	서로 뜻이 맞고 정다움

(63) 弔 旗	(64) 戰 爭	(65) 該 當
( )	( )	( )
조의를 표하는 뜻으로 검은 헝겊을 단 기	싸움	바로 들어맞음

(66) 配 達	(67) 群 衆	(68) 解 說
( )	( )	( )
물건을 가져다가 들라줌	무리지어 모여 있는 많은 사람	알도록 풀이하여 밝힘

(69) 指 揮

(　　　　)

어떤 일의 할 방도를 지시하여 시킴

(70) 評 價

(　　　　)

그 (물건의 값) 가치를 정함

(71) 拷 問

(　　　　)

죄상을 자백시키기 위하여 육체적인 고통을 주는 일

(72) 竣 工

(　　　　)

공사를 끝마침

(73) 準 備

(　　　　)

미리 필요한 것을 마련하여 갖춤

(74) 診 察

(　　　　)

의사가 환자의 병을 살펴봄

(75) 督 促

(　　　　)

재촉함

(76) 同級生

(　　　　)

같은 학급의 학생

(77) 出 版 社

(　　　　)

서적을 인쇄하여 세상에 내놓는 곳

(78) 相 逢

(　　　　)

서로 만남

(79) 派 出 所

(　　　　)

경찰관이 경찰서에서 파견되어 일을 보고 있는 곳

(80) 消 防 署

(　　　　)

소방 업무를 맡고 있는 기관

(81) 不 知 其 數

(　　　　)

너무 많아서 그 수효를 알 수가 없음

(82) 無 人 之 境

(　　　　)

사람이라고는 전혀 없는 곳

(83) 無根之說

(　　　　)

근거 없는 헛소문

(84) 下意上達

(　　　　)

아래 의사를 위에 알림

(85) 半信半疑

(　　　　)

반은 믿고 반은 의심함

(86) 父 傳 子 傳

(　　　　)

그 아버지에 그 아들(아비를 닮음)

(87) 同 苦 同 樂

(　　　　)

같이 고생하고 같이 즐김

(88) 以實直告

(　　　　)

사실 그대로 고함

(89) 生 者 必 滅

(　　　　)

생명이 있는 것은(빠름과 늦음의 차가 있음) 반드시 사멸함

(90) 從 多 數 決

(　　　　)

다수 의견에 따라 결정함

(91) 甘 言 利 說

(　　　　)

달콤한 말로 남을 꾀는 말

⑨²	苦盡甘來 ( ) 고생 끝에 즐거움이 옴	⑨³	始勤終怠 ( ) 처음에는 부지런하고 나중에는 게으름
⑨⁴	虛送歲月 ( ) 하는 일 없이 세월만 헛되이 보내는 것	⑨⁵	有名無實 ( ) 이름뿐이고 실속이 없음
⑨⁶	紙筆硯墨 ( ) 종이, 붓, 벼루, 먹의 네 가지를 말함	⑨⁷	笑門萬福來 ( ) 웃는 집에 온갖 복이 옴
⑨⁸	千不當萬不當 ( ) 조금도 이치에 맞지 않음	⑨⁹	一寸光陰不可輕 ( ) 짧은 시간이라도 헛되게 보내지 말라
⑩⁰	精神一到何事不成 ( ) 정신을 한 곳에 모으면 이루어지지 않는 일이 없음		

[정답은 274쪽]

삼강(三綱) 오륜(五倫)

- **삼강(三綱)** : 유교 도덕의 기본이 되는 세 큰 줄기
  ① 군위신강(君爲臣綱)   신하는 임금을 섬기는 것이 근본이다.
  ② 부위자강(父爲子綱)   아들은 아버지를 섬기는 것이 근본이다.
  ③ 부위부강(夫爲婦綱)   아내는 남편을 섬기는 것이 근본이다.

- **오륜(五倫)** : 사람으로서 지켜야 할 다섯 가지 도리
  ① 군신유의(君臣有義)   임금과 신하는 의(義)가 있어야 한다.
  ② 부자유친(父子有親)   아버지와 아들은 친(親)함이 있어야 한다.
  ③ 부부유별(夫婦有別)   남편과 아내는 분별(分別)이 있어야 한다.
  ④ 장유유서(長幼有序)   어른과 어린이는 차례(次例)가 있어야 한다.
  ⑤ 붕우유신(朋友有信)   벗과 벗은 신의(信義)가 있어야 한다.

| 5과정 |

셋째 단계 학습

2차 관문, 실력테스트 5문제 테스트 실시

○ 1차 관문인 힘다루기 100문제 테스트에 통과(합격)한 것을 우선 진심으로 축하한다. 노력의 대가로 성취한다는 것은 매우 즐거운 일이다.

○ 2차 관문인 실력테스트는 주로,
  ㉠ 서로 뜻이 통하는 한문 숙어가 되게 선으로 잇기 문제
  ㉡ 한글로 되어 있는 것을 한문으로 나타내는 문제
  ㉢ 한문에 음 쓰기 문제
  ㉣ 빈 □ 속에 알맞는 한자 써 넣기 문제 등이 출제되어 있다.

〈실시 요령〉

① **실시 시간** : 10~20분까지(시간 엄수)
② **답지 마련** : 일반 공책에 50번까지 써 넣기
③ **채   점** : 정답란을 보고 ○, ×표 하기
     1문×2점으로 계산
④ **채점 후 뒤처리** : 채점 결과 70점 미만인 경우에는 다시 배정된 한자 216자의 복습 과정을 밟도록 해야 한다.
    생각컨대 평소의 노력이 부족했다고 보며, 책임 학습이 부족했음을 자각하여 재분발, 소기의 목적 달성에 배전의 노력을 촉구한다.

| 5과정 |
| 5문제 |

1. 다음 ㉠줄 한자와 ㉡줄 한자하고 서로 뜻이 통하는 한문 숙어가 되도록 선으로 이어라.

	①	②	③	④	⑤	⑥	⑦	⑧	⑨	⑩
㉠	不	山	怪	亦	秀	早	水	正	高	採
㉡	岳	肖	是	才	物	泳	義	起	用	低
	㉠	㉡	㉢	㉣	㉤	㉥	㉦	㉧	㉨	㉩

2. 다음 ㉠줄 한문과 ㉡줄 한문하고 서로 뜻이 통하는 한문 숙어가 되게 선으로 이어라.

㉠ → ㉡

㉠		㉡	
① 不知		㉠ 之境
② 無人		㉡ 之說
③ 無根		㉢ 其數
④ 下意		㉣ 半疑
⑤ 半信		㉤ 上達
⑥ 父傳		㉥ 同樂
⑦ 同苦		㉦ 數決
⑧ 以實		㉧ 子傳
⑨ 從多		㉨ 利說
⑩ 甘言		㉩ 直告

214

3. 다음 문항 한글을 한자(한문)로 써 보아라.
   ① 제 출 ② 자 본 ③ 범 죄 ④ 공 원 ⑤ 시 력
   (   ) (   ) (   ) (   ) (   )

   ⑥ 견 학 ⑦ 항 복 ⑧ 취 업 ⑨ 할 인 ⑩ 수 도
   (   ) (   ) (   ) (   ) (   )

4. 다음 한문에 음을 달아 보자.
   ① 勢力 ② 專門 ③ 晝夜 ④ 麥酒 ⑤ 市街
   (   ) (   ) (   ) (   ) (   )

   ⑥ 垈地 ⑦ 山脈 ⑧ 獨立 ⑨ 握手 ⑩ 貰房
   (   ) (   ) (   ) (   ) (   )

5. 다음 빈 □ 속에 알맞은 한자를 써 넣어라.
   ① 生者□滅   ② 苦盡□來   ③ 千不當□不當
   ④ 有名□實   ⑤ 始勤□怠   ⑥ 虛送□月
   ⑦ 笑門萬□來   ⑧ 紙□硯墨
   ⑨ 一寸光陰不□輕   ⑩ 精神一到何事□成

[정답은 275쪽]

| 5과정 |

넷째 단계 학습

3차 관문, 총정리 실시

○ 2차 관문인 실력테스트에 통과(합격)한 것을 우선 진심으로 축하한다.
○ 3차 마지막 관문인 총정리는 5과정에 배정된 216자 모두를 음만을 읽도록 하는 힘다루기 문제이다.

　배정된 216자를 1자도 빠뜨림 없이 획순 차례로 나타내었으니, 음을 읽어 보고 모르는 한자 수를 세어 보고 100점에서 초과된 116점과 함께 빼면 자신의 득점이 되는 것이다.

　우선 실시하기 전에 5과정의 한자를 다시 총복습하고 자신이 있다고 판단이 되었을 때 용기를 내어 실시하는 것이 좋을 것이다.

〈실시 요령〉

① **실시 시간** : 50~60분까지(시간 엄수)
② **답지 마련** : 일반 공책에 줄을 그어 216번까지 써 넣기
③ **채　　점** : 정답란을 보고 ○, ×표로 하여 채점하기
　　　　　　　1문×1점으로 계산 116점을 빼기

채점 요령

채점	1문에 1점씩 계산, 100−116−☒=득점	
	득점 (　　　) 점	스스로 평가 스스로 채점

　실시하여 만약 70점 미만일 경우에는 다시 분발하여 첫째 단계 학습을 반복 연습을 계속해야 할 것이다.

| 5과정 216자 |    |

三획 寸 夕 久 弓 于

四획 六 月 化 引 氏 元 孔 戶

五획 白 犯 斥 皮 古

六획 光 伏 印 次

七획 巡 秀 低 余 判 防 那 抗 改 沙 更

八획 其 門 油 季 怪 肯 岳 版 社 泳 抱 夜 周 祀 拒

沿 岸 妻 抵 花 近 坌 拉

九획 急 信 施 降 負 勉 派 促 首 思 革 政 怨 突

拷

十획 送 根 笑 值 涉 鬼 配 級 致 殺 破 捕 流

十一획 從 陰 專 患 逢 畫 祭 採 副 笛 細 停 啓 唯 透
□ □ □ □ □ □ □ □ □ □ □ □ □ □ □
掠 貪 貫 排 陷 略 陸
□ □ □ □ □ □ □

十二획 虛 黃 筆 硯 須 粧 視 普 割 智 衆 就 圍 裁 評
□ □ □ □ □ □ □ □ □ □ □ □ □ □ □
備 提 換 揮 尊 都 媒 詐 超 欺 裂 隆 報 貴 帽
□ □ □ □ □ □ □ □ □ □ □ □ □ □ □
貰 握 竣 診
□ □ □ □

十三획 歲 傳 滅 勤 當 意 群 勢 該 資 解 罪 睦 督 感
□ □ □ □ □ □ □ □ □ □ □ □ □ □ □
違 園 想 準 催 幹 葬 著 詳 遊 搖 愁 獅
□ □ □ □ □ □ □ □ □ □ □ □ □

十四획 盡 境 疑 輕 察 署 蓄 遣 漠 蒙 維 銃 寢 誘 奪
□ □ □ □ □ □ □ □ □ □ □ □ □ □ □
榮 演 慘
□ □ □

十五획 樂 墨 窮 劇 諒 隣 模 樣 髮 膚 墳 影 緣 暫 賤
□ □ □ □ □ □ □ □ □ □ □ □ □ □ □
徹 衝 穀
□ □ □

十六획 戰 豫 獨 機 據 憩 橋 擔 謂 繁 遺 憾
□ □ □ □ □ □ □ □ □ □ □ □

[정답은 275쪽]

6과정   첫째 단계 학습

한자 216자 배정

67~84
- ㉠ 읽기(필순) 공부 실시
- ㉡ 쓰기 공부 실시

학습 시간 : 매일 오후 휴식 시간 중 30분 정도 활용
학 습 량 : 한자를 하루에 2~3자씩 익히기
소요 시간 : 216자 3개월(90일) 만에 마칠 예정

※ 한자 공부는 부담 없이 매일(일요일 제외) 조금씩 능력별로 꾸준히 학습해 나가는 것이 중요하다.
　　한자 공부는 다른 과목과 달라 속성식으로 익히는 것이 아니고 한자 쓰기에 중점을 두어야 하기 때문에 각자의 꾸준한 노력 여하가 성공의 길임을 명심해야 할 것이다.

● **쓰기(필순)에 유의할 한자**

臣	亞	祕	帶	惡	黑
신하 **신**	버금(다음) **아**	숨길 **비**	띠 **대**	악할 **악** 미워할 **오**	검을 **흑**
(p. 222 참조)	(p. 228 참조)	(p. 236 참조)	(p. 240 참조)	(p. 240 참조)	(p. 242 참조)

貌	確	遲	輸	擧	鶴
모양(얼굴) **모**	확실할 **확**	늦을 **지**	실을 **수**	들 **거**	두루미 **학**
(p. 244 참조)	(p. 248 참조)	(p. 250 참조)	(p. 252 참조)	(p. 254 참조)	(p. 256 참조)

● 6과정에서 나오는 한자의 성어와 숙어

　① 同門受學(동문수학)　　② 雪上加霜(설상가상)
　③ 獨宿空房(독숙공방)　　④ 一擧兩得(일거양득)
　⑤ 舊官名官(구관명관)　　⑥ 燈火可親(등화가친)
　⑦ 鶴首苦待(학수고대)　　⑧ 獨不將軍(독불장군)
　⑨ 螢雪之功(형설지공)

● 평소 별로 많이 쓰이지 않는 한문

　① 佛像(불상)　② 色彩(색채)　③ 祝杯(축배)　④ 淸潔(청결)
　⑤ 暗誦(암송)　⑥ 容貌(용모)　⑦ 店鋪(점포)　⑧ 遲刻(지각)
　⑨ 曜日(요일)　⑩ 月賦(월부)　⑪ 運搬(운반)　⑫ 搜査(수사)

朱子十悔訓(주자십회훈)　　초출(뽑아 씀)
－주자의 10가지 뉘우칠 만한 것을 경계하라는 가르침－

不孝父母死後悔(불효부모사후회)
부모에게 효도하지 않으면 죽은 뒤에 뉘우친다.

少不勤學老後悔(소불근학노후회)
젊을 때 부지런히 배우지 않으면 늙어서 뉘우친다.

한자 집계표

6과정 216자

획순별	획순별 학습 한자 내용													계
三	丸													1
四	井	勿												2
五	主	民	史	幼	示	未								6
六	臣	守	江	兆	宅	污	池	旬	米	回	至			11
七	尾	坐	似	快	冷	扶	步	伯	位	村	邑	里	身	妥	延	抄	22
	役	志	戒	角	投	妨								
八	兩	雨	杯	承	依	治	性	叔	居	青	委	刷	姑	例	的	京	19
	宜	尚	亞											
九	即	厚	律	柔	係	洞	紀	則	音	勇	姿	限	拾	客	便	段	16
十	修	耕	祝	眞	旅	祖	郡	孫	祕	城	效	借	弱				13
十一	將	雪	得	混	彩	野	處	堂	戚	偶	寄	區	域	基	脫	票	21
	側	産	強	帶	㉅彫									
十二	晴	貸	菜	堤	景	期	等	善	惡	最	貿	畫	黑	愉	搜	註	16
十三	經	遇	運	債	愛	㉅搬									6
十四	對	寧	緊	貌	團	幕	裳	誦	態	像	㉅綜				11
十五	儀	儉	潔	慶	稿	慮	寫	論	履	賦	輩	審	慰	增	徵	趣	26
	標	範	確	㉅締	㉅鋪	㉅誼	㉅撒	㉅褒	㉅震	閱				
十六	燈	親	頭	螢	激	諾	奮	導	輸	歷	積	憶	遵	賴	整	錄	18
	選	遲												
十七	霜	檢	濯	館	講	優	㉅購	㉅賻	㉅療						9
十八	舊	禮	擧	額	題	㉅曜									6
十九	難	類	簿	藥	證	願	㉅蹴	關							8
二十	警														1
二十一	鶴														1
二十二	權	讀													2
二十五	觀														1
합계															216

○ 표 속의 한자는 기초 한자 외에서 선정한 한자임.

 읽기 (필순) 공부

丸	井	勿
三획 둥글 **환**	四획 우물 **정**	없을 **물**
主	民	史
五획 주인 **주**	백성 **민**	역사 **사**
幼	示	未
어릴 **유**	보일 **시**	아니(아직) **미**
臣	守	江
六획 신하 **신**	지킬 **수**	물 **강**

쓰기 공부

67-ㄴ

연필로 연습

丸 환	ノ 九 丸	丸	丸			
井 정	一 二 丆 井	井	井			
勿 물	ノ 勹 勺 勿	勿	勿			
主 주	丶 亠 䒑 宇 主	主	主			
民 민	𠃍 𠃌 尸 戸 民	民	民			
史 사	丶 口 口 史 史	史	史			
幼 유	乚 幺 幺 幻 幼	幼	幼			
示 시	一 二 亍 示 示	示	示			
未 미	一 二 キ 才 未	未	未			
臣 신	一 丆 互 互 亞 臣	臣	臣			
守 수	丶 宀 宀 宀 宁 守	守	守			
江 강	丶 冫 氵 氵 汀 江	江	江			

68 - ㄱ 읽기 (필순) 공부

兆	宅	汚
억조 조	집 택, 살 댁	더러울 오
池	旬	米
못 지	열흘 순	쌀 미
回	至	尾
돌아올 회	이를 지	七획 꼬리 미
坐	似	快
앉을 좌	같을 사	쾌할 쾌

쓰기 공부

兆 조	ノ 丿 爿 兆 兆 兆	兆	兆
宅 택	丶 宀 宀 宀 宅	宅	宅
汚 오	丶 冫 氵 汙 汚	汚	汚
池 지	丶 冫 氵 沪 沏 池	池	池
旬 순	ノ 勹 勹 旬 旬 旬	旬	旬
米 미	丶 丷 丷 半 米 米	米	米
回 회	丨 冂 冂 冋 回 回	回	回
至 지	一 丆 云 至 至 至	至	至
尾 미	丁 コ 尸 尸 尸 尾 尾	尾	尾
坐 좌	ノ 人 从 从 半 坐 坐	坐	坐
似 사	ノ 亻 亻 仏 似 似 似	似	似
快 쾌	丶 忄 忄 忄 忄 快 快	快	快

읽기 (필순) 공부

冷	扶	妨
찰 랭	도울 부	해로울 방
步	伯	位
걸음 보	맏 백	자리 위
村	邑	里
마을 촌	고을 읍	마을 리
身	妥	延
몸 신	타협할 타	뻗을 연

쓰기 공부

연필로 연습

冷 랭	丶 冫 冫 冶 冷 冷	冷	冷			
扶 부	一 亅 扌 扌 扌 抃 扶	扶	扶			
妨 방	乚 夕 女 女 妒 妨 妨	妨	妨			
步 보	丨 卜 ㅑ 止 ⺌ 步 步	步	步			
伯 백	丿 亻 伫 伫 伯 伯 伯	伯	伯			
位 위	丿 亻 亻 仁 伫 佔 位	位	位			
村 촌	一 十 才 木 朩 村 村	村	村			
邑 읍	丶 口 口 吕 吕 吕 邑	邑	邑			
里 리	丨 口 日 日 甲 甲 里	里	里			
身 신	丿 亻 亻 自 自 身 身	身	身			
妥 타	丶 ⺈ ⺈ ⺈ 癶 妥 妥	妥	妥			
延 연	一 丆 下 下 正 延 延	延	延			

읽기 (필순) 공부

70 - ㄱ

抄	役	志
베낄 초	부릴(역사) 역	뜻 지
戒	角	投
경계할 계	뿔 각	던질 투
亞	兩	雨
八획 버금(다음) 아	두(둘) 량	비 우
杯	承	依
잔 배	받들 승	의지할 의

228

쓰기 공부

연필로 연습

抄 초	一 丁 扌 扌 抄 抄 抄	抄	抄
役 역	ノ ク 彳 彳 役 役 役	役	役
志 지	一 十 士 志 志 志 志	志	志
戒 계	一 厂 千 开 戒 戒 戒	戒	戒
角 각	ノ ク 角 角 角 角 角	角	角
投 투	一 丁 扌 扌 护 投 投	投	投
亞 아	一 丁 丁 丁 亞 亞 亞 亞	亞	亞
兩 양	一 厂 冂 币 雨 雨 雨 兩	兩	兩
雨 우	一 厂 冂 币 雨 雨 雨 雨	雨	雨
杯 배	一 十 才 木 杯 杯 杯 杯	杯	杯
承 승	ㄱ 了 了 手 手 承 承 承	承	承
依 의	ノ 亻 亻 疒 疒 依 依 依	依	依

71-ㄱ 읽기 (필순) 공부

治	性	叔
다스릴 **치**	성품(성질) **성**	아재비 **숙**
居	靑	委
살 **거**	푸를 **청**	맡길 **위**
刷	姑	例
인쇄할 **쇄**	시어미 **고**	본보기 **례**
的	京	宜
과녁 **적**	서울 **경**	옳을 **의**

쓰기 공부

治 치	丶 冫 氵 氵 沪 治 治 治	治	治
性 성	丶 丶 忄 忄 忄 忤 性 性	性	性
叔 숙	丨 上 丄 丁 才 ホ 赤 叔	叔	叔
居 거	丆 コ 尸 尸 尸 居 居	居	居
青 청	一 十 キ 主 丰 青 青 青	青	青
委 위	一 二 千 千 禾 禾 委 委	委	委
刷 쇄	丆 コ 尸 尸 吊 吊 刷 刷	刷	刷
姑 고	乚 女 女 女 奸 奸 姑 姑	姑	姑
例 례	ノ 亻 亻 伊 伊 伊 例 例	例	例
的 적	ノ 亻 亻 白 白 白 的 的	的	的
京 경	丶 一 亠 亡 白 亨 京 京	京	京
宜 의	丶 宀 宀 宀 宁 宜 宜 宜	宜	宜

읽기 (필순) 공부

尚	卽	厚
오히려 상	九획 곧 즉	두터울 후
律	柔	係
법 률	부드러울 유	맬(걸계) 계
洞	紀	則
마을(골) 동, 꿰뚫을 통	법(해) 기	법칙 칙, 곧 즉
音	勇	姿
소리 음	용맹 용	맵시 자

쓰기 공부

尚 상	丶 ⺍ ⺍ ⺌ 屵 尚 尚 尚	尚	尚			
卽 즉	′ 丶 白 白 白 皀 皀 卽	卽	卽			
厚 후	一 厂 厂 戶 戶 戶 厚 厚 厚	厚	厚			
律 률	′ ㇆ 彳 彳 彳 伊 律 律 律	律	律			
柔 유	㇇ ㇇ 又 予 矛 丞 柔 柔 柔	柔	柔			
係 계	ノ 亻 亻 亻 仟 仔 係 係 係	係	係			
洞 동	丶 冫 氵 氵 汀 洞 洞 洞 洞	洞	洞			
紀 기	′ ㇉ ㇉ 幺 糸 糸 紀 紀 紀	紀	紀			
則 칙	丨 冂 冃 目 目 貝 貝 則 則	則	則			
音 음	丶 亠 宀 立 立 产 音 音 音	音	音			
勇 용	㇇ マ マ 甬 甬 甬 勇 勇	勇	勇			
姿 자	丶 冫 冫 次 次 次 姿 姿 姿	姿	姿			

읽기 (필순) 공부

73 - ㄱ

限	捨	客
한정 **한**	열 **십**, 주울 **습**	손(나그네) **객**
便	段	修
편할 **편**, 오줌 **변**	층계 **단**	**十획** 닦을 **수**
耕	祝	眞
밭갈 **경**	빌 **축**	참 **진**
旅	祖	郡
나그네(여행할) **려**	할아비 **조**	고을 **군**

쓰기 공부

限 한	ㄱ 了 阝 阝' 阝' 阝' 阝艮 限 限	限	限			
拾 십	一 十 扌 扌 扚 拾 拾 拾 拾	拾	拾			
客 객	丶 丶 宀 宀 ㄆ 安 安 客 客	客	客			
便 편	ノ 亻 亻 亻 佢 佢 佰 便 便	便	便			
段 단	′ 厂 F F 手 乥 乥 段 段	段	段			
修 수	ノ 亻 亻 亻 伫 伅 伮 修 修 修	修	修			
耕 경	一 二 三 丰 丰 丰 耒 耒 耕 耕	耕	耕			
祝 축	一 二 T 丁 示 示 剂 剂 剂 祝	祝	祝			
眞 진	一 匚 匸 卢 肯 肯 旨 眞 眞 眞	眞	眞			
旅 려	丶 一 亠 方 方 方 方 旅 旅 旅	旅	旅			
祖 조	一 二 T 丁 示 剂 剂 剂 剂 祖	祖	祖			
郡 군	ㄱ ㄱ 크 尹 尹 君 君 君' 君' 郡	郡	郡			

읽기 (필순) 공부

74 - ㄱ

孫	祕	城
손자 손	숨길 비	재(성) 성
效	借	弱
효험 효	빌릴 차	약할 약
將	雪	得
十一획 장수 장	눈 설	얻을 득
混	彩	野
섞을 혼	무늬 채	들 야

쓰기 공부

74-ㄴ

연필로 연습

孫 손	ㄱ 了 孑 孑 孖 孫 孫 孫 孫 孫	孫	孫
祕 비	一 二 千 千 千 祆 祕 祕 祕 祕	祕	祕
城 성	一 十 土 圤 圴 圻 城 城 城 城	城	城
效 효	丶 亠 亠 六 亣 交 交 效 效 效	效	效
借 차	丿 亻 仁 什 仕 件 借 借 借 借	借	借
弱 약	一 コ 弓 弓 弓 弓 弓 弱 弱 弱	弱	弱
將 장	丨 丬 丬 爿 爿 爿 爿 將 將	將	將
雪 설	一 一 厂 币 币 雨 雨 雪 雪 雪 雪	雪	雪
得 득	丿 彳 彳 彳 彳 彳 彳 得 得 得	得	得
混 혼	丶 氵 氵 氵 汀 汀 汨 汨 淠 混	混	混
彩 채	一 ィ ィ ィ 四 平 采 彩 彩 彩 彩	彩	彩
野 야	丨 口 日 日 甲 甲 里 野 野 野 野	野	野

6과정 첫째 단계 학습 237

읽기 (필순) 공부

75 - ㄱ

處	堂	戚
곳 **처**	집 **당**	겨레(친척) **척**
偶	寄	區
짝 **우**	붙일 **기**	구역 **구**
域	基	脫
지경 **역**	터(기본) **기**	벗을 **탈**
票	側	産
표 **표**	옆(곁) **측**	낳을 **산**

쓰기공부

연필로 연습

處 처	` ` ⺊ ⺊ 广 庐 虎 虎 虎 處 處 處	處	處			
堂 당	` ` ⺊ ⺍ ⺍ 屵 屵 屵 屵 堂 堂 堂	堂	堂			
戚 척	厂 厂 厂 厂 厃 斥 斥 床 戚 戚 戚	戚	戚			
偶 우	ノ 亻 仃 俨 俨 俱 偶 偶 偶 偶	偶	偶			
寄 기	` ` 宀 宀 宀 宊 宊 宨 寄 寄 寄	寄	寄			
區 구	一 丆 高 高 戶 昷 昷 品 品 品 區	區	區			
域 역	一 十 土 圵 圹 圻 垣 域 域 域	域	域			
基 기	一 十 廾 甘 甘 甚 其 其 其 基 基	基	基			
脫 탈	ノ 刀 月 月 月 肸 肸 脟 脟 脟 脫	脫	脫			
票 표	一 丆 襾 襾 襾 襾 票 票 票 票	票	票			
側 측	ノ 亻 亻 亻 佃 佃 佃 佣 俱 側 側	側	側			
産 산	` ` ⺊ 宀 立 产 产 产 产 产 産 産	産	産			

6과정 첫째 단계 학습 239

읽기 (필순) 공부

強	帶	彫
강할 강	띠 대	새길 조
晴	貸	菜
갤 청 (十二획)	빌릴 대	나물 채
堤	景	期
둑 제	경치 경	기약할 기
等	善	惡
등급 등	착할 선	악할 악, 미워할 오

쓰기 공부

強 강	フ コ 引 引 引 引 引 引 弦 強 強 強	強	強
帶 대	一 十 卅 卅 卅 卅 卅 卅 卅 帶 帶 帶	帶	帶
彫 조	丿 几 月 月 用 用 周 周 周 彫 彫	彫	彫
晴 청	丨 冂 日 日 旷 吐 吐 晴 晴 晴 晴 晴	晴	晴
貸 대	ノ イ 仁 代 代 代 伐 岱 貸 貸 貸 貸	貸	貸
菜 채	一 十 卄 艹 芒 芒 苎 苎 苹 苹 菜	菜	菜
堤 제	一 十 土 圹 圷 坦 坦 坭 垾 垾 堤	堤	堤
景 경	丶 冂 冂 日 旦 昌 昱 景 景 景 景	景	景
期 기	一 十 廾 廾 甘 其 其 其 期 期 期 期	期	期
等 등	ノ 亻 🞉 🞉 竹 竹 竺 笁 竺 等 等	等	等
善 선	丶 丷 丷 丷 羊 羊 羊 善 善 善 善	善	善
惡 악	一 丆 丆 亞 亞 亞 亞 惡 惡 惡 惡	惡	惡

241

77 - ㄱ 읽기 (필순) 공부

最	貿	黑
가장 최	무역할 무	검을 흑
愉	搜	註
기쁠(유쾌할) 유	찾을 수	글뜻 풀 주
畵	經	遇
그림 화, 꾀할 획	十三획 경서 경	만날 우
運	債	愛
옮길 운	빚 채	사랑 애

242

쓰기 공부

最 최	丨 口 曰 日 旦 早 早 冣 冣 最 最 最	最 最
貿 무	丶 𠂉 𠂊 𠂋 卯 卯 卯 卯 貿 貿 貿 貿 貿	貿 貿
黑 흑	丨 口 四 四 四 甲 甲 里 里 黑 黑 黑	黑 黑
愉 유	丶 丶 忄 忄 忄 忄 忄 愉 愉 愉 愉 愉	愉 愉
搜 수	一 十 扌 扌 扌 扌 扌 扚 扚 押 搜 搜	搜 搜
註 주	丶 亠 二 亖 言 言 言 言 訁 訐 註	註 註
畵 화	𠄌 𢑑 𦘒 聿 聿 畵 畵 書 書 書 書 畵	畵 畵
經 경	𠃋 幺 幺 幺 糸 糸 糸 糸 絚 經 經 經	經 經
遇 우	丨 口 曰 日 旦 禺 禺 禺 禺 遇 遇 遇 遇	遇 遇
運 운	丶 冖 冖 冖 日 冒 冒 軍 軍 運 運 運	運 運
債 채	丿 亻 亻 亻 亻 仹 倩 倩 倩 倩 債 債	債 債
愛 애	丶 爫 爫 爫 爫 㤅 㤅 㤅 愛 愛 愛 愛	愛 愛

읽기 (필순) 공부

78 - ㄱ

搬	對	寧
옮길 반	十四劃 대할(대답할) 대	편안할 녕
緊	貌	團
긴할(급할) 긴	모양(얼굴) 모	모을 단
幕	裳	誦
장막 막	치마 상	외울 송
態	像	綜
태도(모양) 태	형상 상	모을 종

쓰기 공부

↱ 연필로 연습

한자	필순						해서	연습			
搬 반	一 丆 扌 扩 扩 扨 捛 捛 掀 搬 搬 搬						搬	搬			
對 대	ˋ ˇ ⺌ ⺌ 业 业 业 业 业 堂 堂 對 對						對	對			
寧 녕	ˋ ˋ 宀 宀 宀 宀 宓 宓 宓 宓 寍 寧 寧						寧	寧			
緊 긴	一 下 丆 丆 臣 臣 臤 臤 堅 堅 緊 緊						緊	緊			
貌 모	ˊ ⺁ ⺁ 爫 爫 豸 豸 豸 豹 豹 貌 貌						貌	貌			
團 단	丨 冂 冂 冂 同 同 同 冃 冟 團 團 團						團	團			
幕 막	一 卄 卄 艹 艹 苎 苎 苜 莫 莫 幕 幕						幕	幕			
裳 상	ˋ ˇ ⺌ ⺌ 业 尚 尚 堂 堂 堂 裳 裳						裳	裳			
誦 송	ˋ ˋ 亠 亠 言 言 言 訁 訂 誦 誦 誦						誦	誦			
態 태	ˊ ㄥ 厶 台 台 台 能 能 能 能 態 態						態	態			
像 상	ノ 亻 亻 伫 伫 伫 伫 俜 偧 像 像 像						像	像			
綜 종	ˋ ㄥ 幺 幺 糸 糸 糸 紒 絃 綜 綜 綜						綜	綜			

79-ㄱ 읽기 (필순) 공부

審	儀	儉
十五획 살필 심	거동 의	검소할 검
潔	慶	稿
깨끗할 결	경사 경	원고 고
慮	寫	論
생각할 려	베낄 사	논의할 론
履	賦	輩
신(밟을) 리	매길 부	무리 배

쓰기 공부

審 심	丶丶宀宀宀宁宁宁 宁宋宋寀寀審審審	審	審
儀 의	ノイイイ伊伊伊伊 伊伊伊伊儀儀儀	儀	儀
儉 검	ノイイ仆价价价 伶伶伶伶俭儉儉	儉	儉
潔 결	丶丶氵氵氵汀洯 洯洯潔潔潔潔潔	潔	潔
慶 경	丶广广户户庐庐 庐應應應慶慶慶	慶	慶
稿 고	ノ二千千千禾禾禾 秆秆秆稿稿稿稿	稿	稿
慮 려	丶卜片广户虍虍虍 虏虏虜盧慮慮慮	慮	慮
寫 사	丶丶宀宀宁宁宁 宁宁寫寫寫寫寫	寫	寫
論 론	丶一二三言言言 訁訁訡論論論論	論	論
履 리	フコ尸尸尸尸尸 屈屈屈屈屈屈履	履	履
賦 부	丨冂冃目貝貝貝 貯貯貯貯賦賦	賦	賦
輩 배	丨ᅣᅥᅴ킈非非非 非非非輩輩輩輩	輩	輩

247

읽기 (필순) 공부

撤	慰	閱
치울 **철**	위로할 **위**	볼 **열**
增	徵	趣
더할 **증**	거둘 **징**	뜻(마음갈) **취**
標	範	確
표시할 **표**	본보기 **범**	확실할 **확**
締	鋪	議
맺을 **체**	가게 **포**	의논할 **의**

쓰기공부

撤 철	一 十 扌 扌 扩 护 护 挡 挡 挡 撤 撤 撤	撤	撤
慰 위	𠃍 コ 尸 尸 尽 尉 尉 尉 尉 尉 慰 慰 慰	慰	慰
閱 열	丨 冂 冃 冃 門 門 門 門 閂 閅 閱 閱 閱	閱	閱
增 증	一 十 土 扩 扩 扩 圹 圿 增 增 增 增 增	增	增
徵 징	丿 彳 彳 彳 彳 彳 徉 徉 徭 徵 徵 徵 徵	徵	徵
趣 취	一 十 土 キ キ 走 走 走 赴 赴 赳 趣 趣	趣	趣
標 표	一 十 才 木 札 杆 杤 柅 標 標 標 標 標	標	標
範 범	丿 𠂉 𠂉 竹 竹 竹 竹 筲 筲 筲 範 範 範	範	範
確 확	一 丆 丆 石 石 石 矿 矿 矿 矿 硲 確 確	確	確
締 체	乚 幺 幺 糸 糸 糸 紵 紵 紵 紵 締 締 締	締	締
鋪 포	丿 𠂉 𠂉 𠂉 牟 牟 金 金 釒 釒 鋪 鋪 鋪	鋪	鋪
誼 의	丶 亠 亠 言 言 言 言 言 訁 訂 誼 誼 誼	誼	誼

읽기 (필순) 공부

襃	震	選
칭찬할 포	진동할 진	**十六획** 가릴 선
遲	燈	親
늦을 지	등불 등	친할 친
頭	螢	激
머리 두	반딧불이 형	감격할 격
諾	奮	導
승낙할 낙	힘쓸 분	인도할 도

쓰 기 공 부

81-ㄴ

연필로 연습

褒 포	、 一 广 宀 宁 疒 疒 疳 / 裆 裆 裳 葆 褒 褒	褒	褒			
震 진	一 广 戸 币 币 乐 乖 / 乖 雪 霍 霍 霍 震 震	震	震			
選 선	⺆ ⺈ 巳 巴 巴 巴 巴 / 毘 毘 巽 巽 選 選 選	選	選			
遲 지	⺈ ㄱ 尸 尸 尸 尸 屋 / 屏 屋 犀 犀 渥 渥 遲	遲	遲			
燈 등	、 ⺀ 丷 火 灯 灯 炒 / 烃 烃 烃 烃 烃 烃 燈	燈	燈			
親 친	、 ㅗ 立 立 立 辛 辛 / 亲 新 新 新 親 親 親	親	親			
頭 두	一 ⺆ ㄷ 戸 戸 豆 豆 / 豆 豆 頭 頭 頭 頭 頭	頭	頭			
螢 형	、 ⺀ 丷 ⺌ ⺌ 炒 炒 / 炒 炒 焃 榮 螢 螢 螢	螢	螢			
激 격	、 丶 氵 氵 氵 氵 泊 泊 / 泊 泊 浔 激 激 激 激	激	激			
諾 낙	、 ⺀ ㄷ 言 言 言 言 / 言 訁 訁 訃 諾 諾 諾	諾	諾			
奮 분	一 广 六 亣 本 本 卒 / 卒 奋 奞 奞 奪 奮 奮	奮	奮			
導 도	、 ⺀ ㅗ 广 芦 片 首 / 首 首 道 道 道 導 導	導	導			

251

읽기 (필순) 공부

輸	歷	積
실을 수	겪을 력	쌓을 적
憶	遵	賴
기억할 억	쫓을 준	의뢰할 뢰
整	錄	療
가지런할 정	기록할 록	十七획 고칠 료
優	霜	檢
뛰어날 우	서리 상	검사할 검

쓰기 공부

한자	음
輸	수
歷	력
積	적
憶	억
遵	준
賴	뢰
整	정
錄	록
療	료
優	우
霜	상
檢	검

 읽기 (필순) 공부

濯	館	講
씻을 **탁**	집(여관) **관**	강론할 **강**
購	賻	曜
살 **구**	부의할 **부**	十八획 요일 **요**
舊	禮	擧
옛 **구**	예절 **례**	들 **거**
額	題	關
이마(수량) **액**	문제(제목) **제**	十九획 관계할 **관**

쓰기 공부

연필로 연습

濯 탁	丶 丶 氵 氵 沪 沪 沪 沪 沪 沪 泥 渭 渭 渭 濯 濯	濯	濯			
館 관	丿 人 今 今 今 今 今 食 食 食 食 食 食 食 館 館 館	館	館			
講 강	丶 一 一 一 三 言 言 言 計 計 計 計 詳 講 講 講 講	講	講			
購 구	1 冂 冃 月 目 貝 貝 貝 貯 貯 貯 貯 購 購 購 購	購	購			
賻 부	1 冂 冃 月 目 貝 貝 貝 貯 貯 貯 賻 賻 賻 賻 賻	賻	賻			
曜 요	1 冂 月 日 日 日 日 晨 晨 晨 曜 曜 曜 曜 曜 曜	曜	曜			
舊 구	一 十 十 十 艹 芢 苒 苒 苒 萑 萑 萑 舊 舊 舊 舊	舊	舊			
禮 례	一 二 干 亓 示 示 示 示 禮 禮 禮 禮 禮 禮 禮 禮	禮	禮			
擧 거	丶 亻 亻 亻 亻 舁 舁 舁 與 與 與 與 擧 擧 擧 擧	擧	擧			
額 액	丶 丶 宀 宀 安 安 客 客 客 客 額 額 額 額 額 額	額	額			
題 제	1 口 日 旦 早 早 是 是 是 是 題 題 題 題 題 題	題	題			
關 관	1 丨 冂 冂 門 門 門 門 閂 閂 閏 關 關 關 關 關	關	關			

읽기 (필순) 공부

難	類	簿
어려울 난	종류 류	장부 부
藥	證	願
약 약	증명할 증	원할 원
蹴	警	鶴
찰 축	二十劃 경계할 경	二十一劃 두루미 학
權	讀	觀
二十二劃 권세 권	읽을 독, 구절 두	二十五劃 볼 관

쓰기 공부

연필로 연습

難 난	一 十 艹 荁 荁 莒 莒 荁 堇 堇 蓳 蓳 蘄 蘄 難 難	難	難			
類 류	` ´ ⺍ 半 米 迷 类 类 类 㸬 籾 籾 類 類 類	類	類			
簿 부	ノ ⺊ 竺 竺 笁 笁 笁 笁 笁 笳 笳 蒲 簿 簿 簿	簿	簿			
藥 약	一 十 十 艹 艹 艹 艾 苩 荺 荺 蕬 蕬 蕐 藥 藥 藥	藥	藥			
證 증	` ⺀ ㇐ 言 言 言 言 訂 訂 訠 訝 諮 證 證 證	證	證			
願 원	一 厂 厂 厂 戶 原 原 原 原 原 願 願 願 願 願 願	願	願			
蹴 축	一 口 口 口 口 足 足 趵 趵 趵 跔 踨 跡 蹴 蹴 蹴	蹴	蹴			
警 경	一 十 十 艹 芍 芍 苟 警 敬 敬 敬 警 警 警 警	警	警			
鶴 학	´ ´ 丷 少 屮 乍 隹 隹 鹤 鹤 鹤 鶴 鶴 鶴 鶴	鶴	鶴			
權 권	一 十 木 木 朮 朮 朮 槿 槿 楂 槿 槿 權 權 權	權	權			
讀 독	` ` ㇐ 言 言 言 誌 誌 誌 讀 讀 讀 讀 讀 讀 讀	讀	讀			
觀 관	` ` ㇐ 艹 艹 苜 苜 藋 藋 藋 藋 藋 觀 觀 觀 觀	觀	觀			

6과정 ## 둘째 단계 학습

1차 관문, 힘다루기 100문제 테스트 실시

공부 시작한 날부터
끝마친 날까지 } 90일(3개월 소요)

 매주 토요일마다 총복습을 실시하여 배정된 216자를 모두 익히고 쓸 줄도 알고 자신이 있다고 판단이 되었을 때, 용기를 내어 1차 관문인 힘다루기에 응해 보도록 한다.

〈실시 요령〉

① **정답(채점)표 준비** : 일반 공책에 두 줄로 그어 1번부터 100번까지 번호를 붙여서 먼저 정답표를 만든다.
② **실시 시간** : 40~50분까지(시간 엄수)
③ **채   점** : 정답란을 보고 ○, ×표로 하여 1문 1점으로 계산한다.
④ **채점 후 뒤처리** : 채점 결과 70점 이상이면 다음 2차 관문인 실력테스트에 응하되, 만약 70점 미만인 경우에는 다시 첫째 단계 학습 과정을 익히도록 한다. 재분발을 촉구한다.

힘 다루기

6과정 100문제

① 勿論	② 儉約	③ 佛像	
(음)( )	( )	( )	
말할 것도 없음	검소하고 절약함	부처의 모습을 그리거나 조각한 것	

④ 目標	⑤ 目錄	⑥ 增加	⑦ 正確	⑧ 金額
( )	( )	( )	( )	( )
목적 삼는 것	목차	더 늘어 많아짐	바르고 확실함	돈의 액수

⑨ 整理	⑩ 檢査	⑪ 面積
( )	( )	( )
가지런히 바로잡아 다스림	사실을 조사하여 시비를 판단함	넓이

⑫ 歷史	⑬ 堤防	⑭ 色彩	⑮ 野菜
( )	( )	( )	( )
인간 사회의 변천 및 발전 과정	둑	빛깔과 문채	들에서 나는 나물

⑯ 原稿	⑰ 綜合
( )	( )
인쇄하기 위하여 쓴 글	여러 갈래로 나뉘어진 부분을 한데 합함

⑱ 問題	⑲ 祝杯	⑳ 卽時	㉑ 天幕
( )	( )	( )	( )
대답을 얻기 위한 물음	축하하는 술잔	그 자리에서 곧	노천에 치는 장막

㉒ 衣裳	㉓ 依賴	㉔ 厚意	㉕ 對處
( )	( )	( )	( )
의복	남에게 부탁함	두텁게 쓰는 마음	적당한 처치를 취함

㉖ 貸出	㉗ 負債	㉘ 集團	㉙ 安寧	㉚ 購入
( )	( )	( )	( )	( )
꾸어 주어 지출함	빚	모임	탈없이 무사함	물품을 사들임

㉛ 旅館	㉜ 慶祝	㉝ 願書
( )	( )	( )
나그네를 묵게 하는 집	기꺼운 일을 축하함	청원하는 뜻을 기록한 문서

㉞ 證明	㉟ 締結	㊱ 待遇
( )	( )	( )
증거를 제시하여 밝히는 일	계약이나 조약을 맺음	예를 갖추어 대접함

㊲ 藥局	㊳ 治療	㊴ 出嫁	㊵ 淸潔
( )	( )	( )	( )
약을 파는 상점	병을 고침	처녀가 시집을 감	깨끗하여 더러움이 없음

㊶ 態度	㊷ 輸出	㊸ 記憶	㊹ 禮節
( )	( )	( )	( )
몸 가지는 모습	외국으로 물품을 내보냄	잊지 않고 외워 둠	예의 범절

㊺ 先輩	㊻ 混合
( )	( )
학문, 지위, 경험, 나이가 자기보다 많은 사람	뒤섞어서 한데 합함

㊼ 遵守	㊽ 審査	㊾ 履行	㊿ 趣味
( )	( )	( )	( )
그대로 좇아 지킴	자세히 조사함	실제로 몸소 행함	즐기는 일

51 慰問	52 緊急	53 暗誦
( )	( )	( )
위로하기 위하여 문안함	요긴하고 급한 것	책을 보지 않고 글을 욈

54 疑問	55 徵收	56 容貌
( )	( )	( )
의심하여 물음	조세, 수수료, 과태료, 벌금, 곡식, 물품 등을 거둠	얼굴 모양

57 考慮	58 承諾	59 洗濯
( )	( )	( )
깊이 생각함	청하는 말을 들어 주는 것	의류 등의 더러움을 씻어 버림

60 彫刻	61 店鋪
( )	( )
글씨, 그림, 물건의 형상 등을 돌이나 나무·금속 등에 새김	가게

62 遲刻	63 寫眞	64 遺族
( )	( )	( )
정해진 시각에 늦는 일	있는 그대로의 모습을 베낌	죽은 이의 남은 가족

㉖ 帳 簿	㉖ 奮 發	㉗ 模 範
( )	( )	( )
금품의 수입, 지출을 적는 책	마음을 단단히 먹고 기운을 내어 일어남	본보기

㉘ 盡 忠	㉙ 曜 日	㉚ 休 憩 所
( )	( )	( )
나라에 대하여 충성을 다함	그 주 칠요 중의 하루	잠깐 동안 쉬게 마련한 곳

㉛ 感 激	㉜ 計 畫	㉝ 愉 快	㉞ 指 導
( )	( )	( )	( )
매우 고맙게 느낌	꾀하여 미리 작정함	마음이 상쾌하고 즐거움	가르쳐 인도함

㉟ 搜 査	㊱ 賻 儀	㊲ 獨 逸
( )	( )	( )
찾아다니며 조사함	초상난 집에 부조로 내는 돈이나 물건	유럽 주의 나라 이름

㊳ 月 賦	㊴ 運 搬
( )	( )
물건값 또는 빚을 다달이 나누어 갚아 가는 일	물건 또는 사람을 옮겨 나름

㊵ 警 察 署	㊶ 晝夜力學
( )	( )
일정한 구역 내의 경찰 사무를 맡아보는 관청	밤낮을 가리지 않고 학문에 힘씀

㊷ 同門受學	㊸ 雪上加霜
( )	( )
한 스승 밑에서 같이 학문을 닦고 배움	눈 위에 서리로, 불행이 거듭 생김의 비유

㊹ 牛耳讀經	㊺ 獨宿空房
( )	( )
소 귀에 경 읽기(가르치고 일러주어도 알아듣지 못함)	빈 방에서 혼자 잠

㊻ 一擧兩得	㊼ 主權在民
( )	( )
한 가지 일을 하여 두 가지 이익을 얻음	나라의 주권은 국민에게 있음

㊽ 風前燈火	㊾ 舊官名官
( )	( )
바람 앞에 등불로, 매우 위급한 처지	먼저 있었던 관리가 더 훌륭함

⑨⓪ 魚頭肉尾	⑨① 東方禮義之國
( )	( )
생선은 머리, 짐승은 꼬리 부분이 맛이 좋다	동쪽에 있는 예의를 잘 지키는 나라

⑨② 螢雪之功
( )
반딧불이 빛과 눈빛의 반사로 책을 읽었다는 고사에서 꾸준히 학문을 닦은 공

⑨③ 燈火可親	⑨④ 鶴首苦待
( )	( )
가을 밤은 글 읽기가 좋다는 말	학의 목처럼 목을 길게 늘여 몹시 기다림

⑨⑤ 修學務早	⑨⑥ 獨不將軍
( )	( )
학문을 닦음은 기억력이 왕성한 소년 시절에 해야 함	제반 일을 혼자 처리하는 사람

⑨⑦ 坐井觀天
( )
우물 속에 앉아 하늘을 본다(견문이 매우 좁다는 뜻)

⑨⑧ 晴耕雨讀
( )
맑은 날은 밭 갈고, 비 오는 날은 책을 읽음

⑨⑨ 國難思忠臣
( )
나라가 어지러워지면 충성스런 신하를 생각함

⑩⓪ 晝生者類父, 夜生者似母
( )
낮에 출생한 아이는 아버지를 닮고, 밤에 출생한 아이는 어머니를 닮는다

〔정답은 276쪽〕

| 6과정 |

셋째 단계 학습

2차 관문, 실력테스트 5문제 테스트 실시

○ 1차 관문인 힘다루기 100문제 테스트에 통과(합격)한 것을 우선 진심으로 축하한다. 노력의 대가로 성취한다는 것은 매우 즐거운 일이다.
○ 2차 관문인 실력테스트는 주로,
  ㉠ 서로 뜻이 통하는 한문 숙어가 되게 선으로 잇기 문제
  ㉡ 한글로 되어 있는 것을 한문으로 나타내는 문제
  ㉢ 한문에 음 쓰기 문제
  ㉣ 빈 □ 속에 알맞는 한자 써 넣기 문제 등이 출제되어 있다.

《실시 요령》

① **실시 시간** : 10~20분까지(시간 엄수)
② **답지 마련** : 일반 공책에 50번까지 써 넣기
③ **채   점** : 정답란을 보고 ○, ×표 하기
       1문×2점으로 계산
④ **채점 후 뒤처리** : 채점 결과 70점 이상이면 다음 3차 관문인 총정리에 응하되 만약 70점 미만인 경우에는 다시 6과정, 첫째 단계 학습 과정을 밟도록 한다.
  생각컨대 마지막 관문인 총정리에 들어가기 전에 6과정의 216자 총복습을 실시한 후에 응하도록 하는 것이 현명하다고 본다. 아무쪼록 소기의 목적 달성에 배전의 노력이 있기를 촉구한다.

| 6과정 |
| 5문제 |

1. 다음 ㉠줄 한자와 ㉡줄 한자하고 서로 뜻이 통하는 한문 숙어가 되도록 선으로 이어라.

```
        ①   ②   ③   ④   ⑤   ⑥   ⑦   ⑧   ⑨   ⑩
    ㉠   勿   儉   佛   目   增   正   金   整   面   檢

    ㉡   約   像   論   加   確   標   額   查   積   理
        ㉠   ㉡   ㉢   ㉣   ㉤   ㉥   ㉦   ㉧   ㉨   ㉩
```

2. 다음 ㉠줄 한문과 ㉡줄 한문하고 서로 뜻이 통하는 한문 숙어가 되게 선으로 이어라.

㉠ ① 晝夜   ㉡ ㉠ 受學
  ② 同門   ㉡ 加霜
  ③ 雪上   ㉢ 力學
  ④ 牛耳   ㉣ 空房
  ⑤ 獨宿   ㉤ 兩得
㉠ ⟶ ㉡ ⑥ 一擧   ㉥ 燈火
  ⑦ 主權   ㉦ 讀經
  ⑧ 風前   ㉧ 肉尾
  ⑨ 魚頭   ㉨ 雨讀
  ⑩ 晴耕   ㉩ 在民

3. 다음 문항 한글을 한자(한문)로 써 보아라.

① 목 록　② 역 사　③ 제 방　④ 색 채　⑤ 야 채
(　　　) (　　　) (　　　) (　　　) (　　　)

⑥ 원 고　⑦ 종 합　⑧ 문 제　⑨ 안 녕　⑩ 원 서
(　　　) (　　　) (　　　) (　　　) (　　　)

4. 다음 한문에 음을 달아 보자.

① 祝 杯　② 卽 時　③ 依 賴　④ 厚 意　⑤ 證 明
(　　　) (　　　) (　　　) (　　　) (　　　)

⑥ 衣 裳　⑦ 對 處　⑧ 暗 誦　⑨ 盡 忠　⑩ 曜 日
(　　　) (　　　) (　　　) (　　　) (　　　)

5. 다음 빈 □ 속에 알맞은 한자를 써 넣어라.

① 警□署　　② 休憩□　　③ 東方禮□之國

④ 坐井觀□　⑤ 燈火□親　⑥ 鶴首□待

⑦ 修學□早　⑧ 獨□將軍　⑨ 國難思□臣

⑩ 晝生者類父, 夜生者似□

[정답은 277쪽]

6과정　　　넷째 단계 학습

3차 관문, 총정리 실시

○ 2차 관문인 실력테스트에 통과(합격)한 것을 우선 진심으로 축하한다.
○ 3차 관문인 총정리는 6과정에 배정된 216자 모두를 음만을 읽도록 하는 힘다루기 문제이다.

　배정된 216자를 1자도 빠뜨림 없이 획순 차례로 나타내었으니, 음을 읽어 보고 모르는 한자 수를 세어 보고 100점에서 초과된 116점과 함께 빼면 자신의 득점이 되는 것이다.
　우선 실시하기 전에 6과정의 한자를 다시 총복습 하고 자신이 있다고 판단되었을 때 용기를 내어 실시하는 것이 좋을 것이다.

〈실시 요령〉

① **실시 시간** : 50~60분까지(시간 엄수)
② **답지 마련** : 일반 공책에 줄을 그어 216번까지 써 넣기
③ **채　　점** : 정답란을 보고 ○, ×표로 하여 채점하기
　　　　　　　1문×1점으로 계산 116점을 빼기

채점 요령

채점	1문에 1점씩 계산, 100-116-☒=득점	
	득점　(　　　)점	스스로 평가 스스로 채점

　실시하여 만약 70점 미만일 경우에는 다시 분발하여 첫째 단계 학습을 반복 연습을 계속해야 할 것이다.

6과정 216자

三획 丸

四획 井 勿

五획 主 民 史 幼 示 未

六획 臣 守 江 兆 宅 汚 池 旬 米 回 至

七획 尾 坐 似 快 冷 扶 步 伯 位 村 邑 里 身 妥 延
抄 役 志 戒 角 投 妨

八획 兩 雨 杯 承 依 治 性 叔 居 靑 委 刷 姑 例 的
京 宜 尙 亞

九획 卽 厚 律 柔 係 洞 紀 則 音 勇 姿 限 拾 客 便 段

十획 修 耕 祝 眞 旅 祖 郡 孫 祕 城 效 借 弱

十一획 將 雪 得 混 彩 野 處 堂 戚 偶 寄 區 域 基 脫
票 側 産 強 帶 彫

十二획 晴 貸 菜 堤 景 期 等 善 惡 最 貿 畫 黑 愉 搜

十二획 註 ☐

十三획 經 遇 運 債 愛 搬
☐ ☐ ☐ ☐ ☐ ☐

十四획 對 寧 緊 貌 團 幕 裳 誦 態 像 綜
☐ ☐ ☐ ☐ ☐ ☐ ☐ ☐ ☐ ☐ ☐

十五획 儀 儉 潔 慶 稿 慮 寫 論 履 賦 輩 審 慰 增 徵
☐ ☐ ☐ ☐ ☐ ☐ ☐ ☐ ☐ ☐ ☐ ☐ ☐ ☐ ☐

趣 標 範 確 締 鋪 誼 撤 褒 震 閱
☐ ☐ ☐ ☐ ☐ ☐ ☐ ☐ ☐ ☐ ☐

十六획 燈 親 頭 螢 激 諾 奮 導 輸 歷 積 憶 遵 賴 整
☐ ☐ ☐ ☐ ☐ ☐ ☐ ☐ ☐ ☐ ☐ ☐ ☐ ☐ ☐

錄 選 遲
☐ ☐ ☐

十七획 霜 檢 濯 館 講 優 購 賻 療
☐ ☐ ☐ ☐ ☐ ☐ ☐ ☐ ☐

十八획 舊 禮 擧 額 題 曜
☐ ☐ ☐ ☐ ☐ ☐

十九획 難 類 簿 藥 證 願 蹴 關
☐ ☐ ☐ ☐ ☐ ☐ ☐ ☐

二十획 警
☐

二十一획 鶴
☐

二十二획 權 讀
☐ ☐

二十五획 觀
☐

[정답은 277쪽]

정 답 란

〈1과정〉

● **힘다루기**

①수건 ②공부 ③매일 ④효자 ⑤소년 ⑥소녀 ⑦남녀 ⑧중앙
⑨효녀 ⑩중지 ⑪천재 ⑫완료 ⑬고생 ⑭유명 ⑮성명 ⑯노력
⑰결심 ⑱시작 ⑲왕년 ⑳박수 ㉑주소 ㉒우유 ㉓왕래 ㉔정직
㉕충효 ㉖형부 ㉗편지 ㉘합심 ㉙인부 ㉚작명 ㉛천명 ㉜자매
㉝오전 ㉞오후 ㉟인형 ㊱천지 ㊲선생 ㊳상하 ㊴전후 ㊵정오
㊶노인 ㊷생사 ㊸자유 ㊹자기 ㊺제자 ㊻작명 ㊼내일 ㊽내년
㊾인명 ㊿자녀 ⑤1좌우 ⑤2선금 ⑤3언명 ⑤4결사 ⑤5부형 ⑤6명소
⑤7금언 ⑤8유력 ⑤9사색 ⑥0효심 ⑥1작문지 ⑥2생년일 ⑥3부모명
⑥4소유물 ⑥5노부모 ⑥6불모지 ⑥7소재지 ⑥8수입금 ⑥9출생지
⑦0생활고 ⑦1입주일 ⑦2부자유 ⑦3출입구 ⑦4공휴일 ⑦5대중소
⑦6일생일사 ⑦7대장부 ⑦8생사불명 ⑦9중노인 ⑧0중심인물 ⑧1자유자재
⑧2구사일생 ⑧3동서남북 ⑧4구우일모 ⑧5부모형제 ⑧6십인십색 ⑧7공명정대
⑧8십년지기 ⑧9우왕좌왕 ⑨0남녀노소 ⑨1문방사우 ⑨2작심삼일 ⑨3남좌여우
⑨4일각천금 ⑨5공생공사 ⑨6인명재천 ⑨7불행중다행 ⑨8견물생심
⑨9일두일승일홉 ⑩0일구이언, 이부지자

● **실력테스트**

  ① ② ③ ④ ⑤ ⑥ ⑦ ⑧ ⑨ ⑩
1. ㄴ ㄱ ㄹ ㄷ ㅅ ㅂ ㅁ ㅊ ㅈ ㅇ
2. ㄷ ㄱ ㄹ ㄴ ㅁ ㅅ ㅂ ㅈ ㅇ ㅊ
3. ①手巾 ②少年 ③男女 ④孝子 ⑤先生 ⑥拍手 ⑦決心
   ⑧片紙 ⑨住所 ⑩出生地

4. ①자기 ②노력 ③고생 ④매일 ⑤내일 ⑥충효 ⑦좌우
   ⑧성명 ⑨시작 ⑩우유

5. ①休 ②兄 ③中 ④南 ⑤在 ⑥老 ⑦生 ⑧一 ⑨四 ⑩子

● **총정리**

①전, 선생, 편지　②입구, 남, 남녀노소　③부모, 삼형제, 일, 사, 이
④인부, 자기, 중앙, 유명　⑤일천, 동서, 북, 왕래　⑥우유, 공, 방, 자매
⑦오후, 두, 승, 흡, 대장　⑧노력, 성　⑨천, 상, 지, 하,
⑩매, 수건　⑪좌우, 작문, 시　⑫정직, 주소, 박
⑬지, 심, 활, 고　⑭각, 금, 불행, 명분　⑮견물, 형, 결
⑯구, 모, 십, 색, 공휴, 명재　⑰소자, 출, 우, 유, 충언　⑱지, 다년, 사, 효
⑲수, 완료　⑳재, 공지

〈2과정〉

● **힘다루기**

①세상　②내외　③중립　④이상　⑤공평　⑥공식　⑦벌목　⑧모교
⑨가입　⑩입퇴　⑪결말　⑫중요　⑬시종　⑭입학　⑮합계　⑯물건
⑰요건　⑱대금　⑲대리　⑳화재　㉑양심　㉒충분　㉓요금　㉔공책
㉕방향　㉖반성　㉗출세　㉘성공　㉙지금　㉚평안　㉛물품　㉜필요
㉝원인　㉞결과　㉟약속　㊱시계　㊲평균　㊳극기　㊴계약　㊵금지
㊶후회　㊷반장　㊸은행　㊹간판　㊺설명　㊻가옥　㊼장단　㊽풍속
㊾건물　㊿출발　51행복　52충성　53도착　54순서　55시합　56세금
57부탁　58교실　59번지　60질서　61아동　62병원　63가족　64발달
65교육　66학교　67사용료　68목재소　69하물차
70온도계　71입원실　72온천수　73기차요금　74자동차
75상호협조　76사립학교　77춘하추동　78급행열차　79출생신고
80남남북녀　81선공후사　82선기후인　83팔방미인　84미풍양속
85병가상사　86구시심비　87목욕　88마이동풍　89장형부모

⑨⓪군사부일체 ⑨①십년지계 ⑨②백년대계 ⑨③출필곡, 반필면 ⑨④능소능대
⑨⑤금시작비 ⑨⑥생면부지 ⑨⑦출가외인 ⑨⑧정송오죽 ⑨⑨다재다병
⑩⓪남아일언, 중천금

● **실력테스트**

　　　　①　②　③　④　⑤　⑥　⑦　⑧　⑨　⑩
1. ㄴ ㄱ ㄷ ㅁ ㄹ ㅅ ㅂ ㅊ ㅈ ㅇ
2. ㄷ ㄱ ㄴ ㅁ ㄹ ㅅ ㅂ ㅊ ㅈ ㅇ
3. ①入學 ②物件 ③代金 ④空册 ⑤成功 ⑥只今 ⑦平安
　 ⑧必要 ⑨結果 ⑩約束
4. ①반성 ②원인 ③양심 ④공식 ⑤입퇴 ⑥방향 ⑦화재
　 ⑧시계 ⑨평균 ⑩반장
5. ①用 ②動 ③度 ④己 ⑤東 ⑥能 ⑦外 ⑧才 ⑨五 ⑩千

● **총정리**
①금, 오칠팔, 내, 화목, 상　　②충, 계, 질서, 순, 병원
③세, 미, 평균, 복　　　　　　④고, 약속, 능, 교사, 가
⑤지, 가옥, 목욕, 아동, 미풍양속　⑥족, 반성, 기차, 성공
⑦학교, 발, 종, 달　　⑧극, 요리방식, 장단　⑨체육, 부탁, 계
⑩가외, 입, 사건, 금　⑪재, 간판, 중요, 필용　⑫작, 호, 반, 급행
⑬공책, 하, 은, 세　　⑭온도, 시비, 내신, 도착　⑮춘하추동시, 안, 건
⑯면, 실, 상, 마이　　⑰백번, 설, 벌죽재품　⑱대말, 회, 협조
⑲범 사 병 사 원 인 이 퇴　　⑳영 향 천 군 송 시 성

〈3과정〉

● **힘다루기**
①일본 ②중국 ③미국 ④영국 ⑤정답 ⑥입찰 ⑦전부 ⑧봉사
⑨기념 ⑩상자 ⑪과목 ⑫고목 ⑬의복 ⑭임금 ⑮위인 ⑯부산

정답란 271

⑰책임 ⑱장사 ⑲명령 ⑳소식 ㉑여행 ㉒열중 ㉓결국 ㉔형사
㉕벌금 ㉖국어 ㉗철도 ㉘한문 ㉙희망 ㉚식사 ㉛교원 ㉜교훈
㉝저금 ㉞전기 ㉟성금 ㊱현재 ㊲과자 ㊳과실 ㊴허가 ㊵결석
㊶숙박 ㊷영웅 ㊸비교 ㊹탁구 ㊺육미 ㊻고사 ㊼승차 ㊽청소
㊾도로 ㊿절약 (51)통과 (52)손해 (53)창고 (54)욕심 (55)부자 (56)찬성
(57)결혼 (58)고향 (59)연락 (60)만사 (61)적십자
(62)연탄 (63)졸업식 (64)일주간 (65)갑을병 (66)지점장
(67)인내심 (68)양복상 (69)불국사 (70)중개자 (71)청구서
(72)학습장 (73)소개소 (74)동식물 (75)금강산 (76)초대장
(77)남북통일 (78)매매시장 (79)인간차별 (80)일석이조 (81)십상팔구
(82)도중하차 (83)동명이인 (84)상산구어 (85)대동소이 (86)왈가왈부
(87)이해상반 (88)재기불능 (89)천지신명 (90)자초지종 (91)세계평화
(92)빈자다사 (93)빈자소인 (94)노갑이을 (95)기왕지사 (96)익자삼우
(97)성자필쇠 (98)고침단명 (99)가화만사성 (100)대어중어식, 중소어식

실력테스트

	①	②	③	④	⑤	⑥	⑦	⑧	⑨	⑩
1.	ㄴ	ㄱ	ㄹ	ㄷ	ㅂ	ㅁ	ㅇ	ㅅ	ㅊ	ㅈ
2.	ㄷ	ㄱ	ㄴ	ㅁ	ㄹ	ㅅ	ㅂ	ㅊ	ㅇ	ㅈ

3. ①英國 ②正答 ③入札 ④奉仕 ⑤釜山 ⑥責任 ⑦命令 ⑧消息 ⑨旅行 ⑩熱中
4. ①위인 ②장사 ③결국 ④형사 ⑤한문 ⑥희망 ⑦식사 ⑧교원 ⑨철도 ⑩비교
5. ①乙 ②心 ③山 ④半 ⑤地 ⑥之 ⑦平 ⑧甲 ⑨事 ⑩小

총정리

①습장, 양복, 위, 중개사 ②계, 본, 군부대, 한자
③상점, 회원, 차이, 결석 ④시장, 창고, 반, 청소, 가

⑤인내, 봉사, 신불산, 소식 ⑥을지로, 별고, 결과, 구
⑦이익, 손해, 초청장, 비교 ⑧과목, 희망, 석탄, 숙박
⑨영웅, 부자, 국철, 통과 ⑩이동, 전업국, 육식
⑪책임, 기념절, 매매 ⑫부, 고임, 갑, 병, 찰
⑬성쇠, 허혼서 ⑭재동사, 과실, 강기
⑮조 구 연 주 만 도 화 향 노 ⑯전 고 의 형 부(비) 초 장 적 화
⑰침 미 졸 탁 왈 영(령) 사 고 대 ⑱승 훈 기 어 도 빈 맥 초
⑲답 간 통 저 기 락 식 주 ⑳련 벌 어 열 현 욕 찬 상

〈4과정〉

힘다루기

①왕비 ②소집 ③호출 ④흉작 ⑤관리 ⑥길흉 ⑦포함 ⑧도망
⑨다망 ⑩태양 ⑪교역 ⑫감주 ⑬지지 ⑭존재 ⑮세면 ⑯지불
⑰좌석 ⑱급제 ⑲법규 ⑳패망 ㉑태산 ㉒봉급 ㉓잔금 ㉔조문
㉕항공 ㉖비료 ㉗신랑 ㉘화물 ㉙차장 ㉚연구 ㉛원조 ㉜묘지
㉝비용 ㉞상장 ㉟광장 ㊱군기 ㊲음식 ㊳기후 ㊴용서 ㊵주사
㊶산수 ㊷침수 ㊸면제 ㊹해저 ㊺탐구 ㊻농사 ㊼건축 ㊽정신
㊾교수 ㊿기술 (51)상선 (52)빈곤 (53)재배 (54)서무 (55)조세 (56)접대
(57)가격 (58)부고 (59)분쟁 (60)소송 (61)공경 (62)판매 (63)건강 (64)진술
(65)욕설 (66)질문 (67)어업 (68)조사 (69)실천 (70)과정 (71)모집 (72)간주
(73)피로 (74)누계 (75)이사 (76)수취인 (77)승리자 (78)신문지 (79)가정방문
(80)금전거래 (81)조실부모 (82)대의명분 (83)무상출입 (84)무법천지
(85)삼척동자 (86)다수가결 (87)천만다행 (88)만분다행 (89)선빈후부
(90)단도직입 (91)동문서답 (92)무골호인 (93)유해무익 (94)백해무익
(95)홍익인간 (96)동상이몽 (97)추풍낙엽 (98)무자식상팔자 (99)노발대발
(100)기술천하지대본

● 실력테스트

　　① ② ③ ④ ⑤ ⑥ ⑦ ⑧ ⑨ ⑩

1. ㄷ ㄱ ㄴ ㅁ ㄹ ㅇ ㅂ ㅅ ㅊ ㅈ
2. ㄹ ㄱ ㄴ ㄷ ㅂ ㅁ ㅈ ㅊ ㅅ ㅇ
3. ①洗面 ②支拂 ③座席 ④俸給 ⑤肥料 ⑥法規 ⑦新郎
   ⑧研究 ⑨算數 ⑩農事
4. ①잔금 ②태산 ③패망 ④항공 ⑤묘지 ⑥기후 ⑦정신
   ⑧과정 ⑨조사 ⑩가격
5. ①多 ②出 ③天 ④無 ⑤人 ⑥異 ⑦風 ⑧大 ⑨八 ⑩天

● 총정리

2획 도 정　**3획** 토 천 망 야　**4획** 척 태 조 흉 급 수 왕 인 단　**5획** 실 홍 소 거 포 감 선　**6획** 호 조 길 망 존 리 교 비 역 여　**7획** 상 구 함 곤 기 면 토 초 하 형　**8획** 법 관 역(이) 호 수 취 불 비 쟁 저 주 정 사 구 졸 표 굴 혼　**9획** 연 지 지 세 술 병 부　**10획** 랑 골 도 격 용 서 좌 정 욕 후 항 재 침 태 분 피 해 조 제 사 공 맥 봉 경　**11획** 문 방 제 수 규 건 강 배 화 탐 루 서 무 접 패 송 진 판 선 술 돈 솔(률) 사 용 애 정 숭 주 사　**12획** 정 소 단 무 집 양 승 양 원 잔 비 장 급 로 운 혜 한 가 책 한 량 일 탕 결 희　**13획** 락 엽(섭) 의 농 신 모 음 경 암 난 가 리 과　**14획** 몽 문 정 묘 어 산 기 루 표 화 수　**15획** 과 가 상 천 질 조 광 개 수(삭)　**16획** 전 축

〈5과정〉

● 힘다루기

①불초　②여백　③산악　④괴물　⑤마도　⑥수재　⑦조기　⑧역시
⑨필수　⑩고저　⑪수영　⑫세력　⑬채용　⑭비율　⑮정의　⑯제출
⑰자본　⑱범죄　⑲전문　⑳공원　㉑주야　㉒긍정　㉓시력　㉔맥주
㉕주위　㉖견학　㉗항복　㉘할인　㉙취업　㉚시가　㉛대지　㉜교섭

㉝교환 ㉞위반 ㉟수도 ㊱산맥 ㊲독립 ㊳예정 ㊴화장 ㊵지능
㊶사자 ㊷계절 ㊸재판 ㊹제사 ㊺사상 ㊻존중 ㊼보통 ㊽감동
㊾모자 ㊿악수 (51)환자 (52)순찰 (53)포부 (54)승부 (55)귀신 (56)납치
(57)실시 (58)세방 (59)근면 (60)가치 (61)돈사 (62)화목 (63)조기 (64)전쟁
(65)해당 (66)배달 (67)군중 (68)해설 (69)지휘 (70)평가 (71)고문 (72)준공
(73)준비 (74)진찰 (75)독촉 (76)동급생 (77)출판사 (78)상봉 (79)파출소
(80)소방서 (81)부지기수 (82)무인지경 (83)무근지설 (84)하의상달
(85)반신반의 (86)부전자전 (87)동고동락 (88)이실직고 (89)생자필멸
(90)종다수결 (91)감언이설 (92)고진감래 (93)시근종태 (94)허송세월
(95)유명무실 (96)지필연묵 (97)소문만복래 (98)천부당만부당
(99)일촌광음불가경 (100)정신일도하사불성

실력테스트

	①	②	③	④	⑤	⑥	⑦	⑧	⑨	⑩
1.	ㄴ	ㄱ	ㅁ	ㄷ	ㄹ	ㅇ	ㅂ	ㅅ	ㅊ	ㅈ
2.	ㄷ	ㄱ	ㄴ	ㅁ	ㄹ	ㅇ	ㅂ	ㅊ	ㅅ	ㅈ

3. ①提出 ②資本 ③犯罪 ④公園 ⑤視力 ⑥見學 ⑦降伏 ⑧就業 ⑨割引 ⑩首都

4. ①세력 ②전문 ③주야 ④맥주 ⑤시가 ⑥대지 ⑦산맥 ⑧독립 ⑨악수 ⑩세방

5. ①必 ②甘 ③萬 ④無 ⑤終 ⑥歲 ⑦福 ⑧筆 ⑨可 ⑩不

총정리

3획 촌 석 구 궁 우 **4획** 륙 월 화 인 씨 원 공 호 **5획** 백 범 척 피 고 **6획** 광 복 인 차 **7획** 순 수 저 여 판 방 나 항 개 사 경(갱) **8획** 기 문 유 계 괴 공 악 판 사 영 포 야 주 사 거 연 안 처 저 화 근 대 랍 **9획** 태 신 시 항(강) 부 면 파 촉 수 사 혁 정 원 돌 고 **10획** 송 근 소 치 섭 귀 배 급 치 살(쇄) 파 포 류 **11획** 종 음 전 환 봉 주 제 채 부 적 세 정 계 유 투 략 탐

관 배 함 략 륙 **12획** 허 황 필 연 수 장 시 보 할 지 중 취 위 재 평 비 제 환 휘 존 도 매 사 초 기 렬 륭 보 귀 모 세 악 준 진 **13획** 세 전 멸 근 당 의 군 세 해 자 해 죄 목 독 감 위 원 상 준 최 간 장 저(착) 상 유 요 수 사 **14획** 진 경 의 경 찰 서 축 견 막 몽 유 총 침 유 탈 영 연 참 **15획** 락(악) 묵 궁 극 량 린 모 양 발 부 분 영 연 잠 천 철 충 곡 **16획** 전 예 독 기 거 게 교 담 위 번 유 감

〈6과정〉

● 힘다우기

①물론 ②검약 ③불상 ④목표 ⑤목록 ⑥증가 ⑦정확 ⑧금액
⑨정리 ⑩검사 ⑪면적 ⑫역사 ⑬제방 ⑭색채 ⑮야채 ⑯원고
⑰종합 ⑱문제 ⑲축배 ⑳즉시 ㉑천막 ㉒의상 ㉓의뢰 ㉔후의
㉕대처 ㉖대출 ㉗부채 ㉘집단 ㉙안녕 ㉚구입 ㉛여관 ㉜경축
㉝원서 ㉞증명 ㉟체결 ㊱대우 ㊲약국 ㊳치료 ㊴출가 ㊵청결
㊶태도 ㊷수출 ㊸기억 ㊹예절 ㊺선배 ㊻혼합 ㊼준수 ㊽심사
㊾이행 ㊿취미 ⑤1위문 ⑤2긴급 ⑤3암송 ⑤4의문 ⑤5징수 ⑤6용모
⑤7고려 ⑤8승낙 ⑤9세탁 ⑥0조각 ⑥1점포 ⑥2지각 ⑥3사진 ⑥4유족
⑥5장부 ⑥6분발 ⑥7모범 ⑥8진충 ⑥9요일 ⑦0휴게소 ⑦1감격 ⑦2계획
⑦3유쾌 ⑦4지도 ⑦5수사 ⑦6부의 ⑦7독일 ⑦8월부 ⑦9운반 ⑧0경찰서
⑧1주야역학 ⑧2동문수학 ⑧3설상가상 ⑧4우이독경 ⑧5독숙공방
⑧6일거양득 ⑧7주권재민 ⑧8풍전등화 ⑧9구관명관 ⑨0어두육미
⑨1동방예의지국 ⑨2형설지공 ⑨3등화가친 ⑨4학수고대 ⑨5수학무조
⑨6독불장군 ⑨7좌정관천 ⑨8청경우독 ⑨9국난사충신
⑩0주생자류부, 야생자사모

● **실력테스트**

　　　① ② ③ ④ ⑤ ⑥ ⑦ ⑧ ⑨ ⑩

1. ㄷ ㄱ ㄴ ㅂ ㄹ ㅁ ㅅ ㅊ ㅈ ㅇ
2. ㄷ ㄱ ㄴ ㅅ ㄹ ㅁ ㅊ ㅂ ㅇ ㅈ
3. ①目錄　②歷史　③堤防　④色彩　⑤野菜　⑥原稿　⑦綜合　⑧問題　⑨安寧　⑩原書
4. ①축배　②즉시　③의뢰　④후의　⑤증명　⑥의상　⑦대처　⑧암송　⑨진충　⑩요일
5. ①察　②所　③儀　④天　⑤可　⑥苦　⑦務　⑧不　⑨忠　⑩母

● **총정리**

3획 환　**4획** 정 물　**5획** 주 민 사 유 시 미　**6획** 신 수 강 조 택(댁) 오 지 순 미 회 지　**7획** 미 좌 사 쾌 령 부 보 백 위 촌 읍 리 신 타 연 초 역 지 계 각 투 방　**8획** 량 우 배 승 의 치 성 숙 거 청 위 쇄 고 례 적 경 의 상 아　**9획** 즉 후 률 유 계 동(통) 기 칙(즉) 음 용 자 한 십(습) 객 편(변) 단　**10획** 수 경 축 진 려 조 군 손 비 성 효 차 약　**11획** 장 설 득 혼 채 야 처 당 척 우 기 구 역 기 탈 표 측 산 강 대 각　**12획** 청 대 채 제 경 기 등 선 악(오) 최 무 화(획) 흑 유 수 주　**13획** 경 우 운 채 애 반　**14획** 대 녕 긴 모 단 막 상 송 태 상 종　**15획** 의 검 결 경 고 려 사 론 리 부 배 심 위 증 징 취 표 범 확 체 포 의 철 포 진 열　**16획** 등 친 두 형 격 낙 분 도 수 력 적 억 준 뢰 정 록 선 지　**17획** 상 검 탁 관 강 우 구 부 료　**18획** 구 례 거 액 제 요　**19획** 난 류 부 약 증 원 축 관　**20획** 경　**21획** 학　**22획** 권 독(두)　**25획** 관

한자(漢字) 찾기(1,008자)

이 1,008자는 교육부 선정 1,800자의 한자와는 관계없이 필자가 임의로 선정한 것임

1획							
一 20	三 20	也 128	不 24	支 88	勿 222	功 54	目 90
乙 88	千 〃	寸 172	分 〃	比 〃		申 〃	札 〃
	女 〃	夕 〃	中 〃	尺 128	**5획**	以 〃	失 130
2획	大 〃	久 〃	手 26	太 〃	生 26	代 〃	弘 〃
二 20	上 22	弓 〃	夫 〃	弔 〃	由 〃	平 〃	召 〃
九 〃	下 〃	于 〃	止 〃	凶 〃	左 〃	冬 〃	去 〃
十 〃	工 〃	丸 222	午 〃	及 〃	右 〃	加 56	包 〃
人 〃	口 〃		升 〃	水 〃	母 〃	立 〃	甘 〃
入 〃	子 〃	**4획**	斗 〃	王 130	四 28	用 〃	仙 〃
力 〃	己 〃	少 22	片 〃	仁 〃	正 〃	末 〃	白 174
了 〃	小 〃	日 〃	五 52	丹 〃	央 〃	永 〃	犯 〃
七 52	才 〃	牛 24	今 〃	六 172	兄 〃	可 88	斥 〃
八 〃	丈 〃	毛 〃	反 〃	月 〃	出 〃	半 〃	皮 〃
乃 〃	巾 〃	心 〃	方 〃	化 〃	北 〃	甲 〃	古 〃
刀 128	凡 52	父 〃	火 〃	引 〃	必 54	石 〃	主 222
丁 〃	山 88	之 〃	木 〃	氏 〃	外 〃	令 〃	民 〃
	士 〃	公 〃	內 〃	元 〃	冊 〃	仕 90	史 〃
3획	土 128	天 〃	互 〃	孔 〃	付 〃	丙 〃	幼 〃
	川 〃	文 〃	曰 88	戶 174	只 〃	市 〃	示 〃
	亡 〃	友 〃	介 〃	井 222	世 〃	本 〃	未 〃

278

6획															
死	28	式	56	吏	132	男	30	均	60	何	134	村	226	姓	34
色	〃	安	〃	交	〃	作	32	克	〃	亨	〃	邑	〃	始	〃
共	〃	因	58	妃	〃	言	〃	助	〃	巡	174	里	〃	姉	〃
老	〃	列	〃	亦	〃	每	〃	汽	〃	秀	〃	身	〃	妹	〃
自	〃	伐	〃	如	〃	孝	〃	否	〃	低	176	妥	〃	東	〃
在	〃	件	〃	光	174	努	〃	利	92	余	〃	延	〃	直	36
年	30	百	〃	伏	〃	弟	〃	求	〃	判	〃	抄	228	來	〃
多	〃	再	90	印	〃	完	〃	初	〃	防	〃	役	〃	所	〃
地	〃	同	〃	次	〃	住	〃	希	〃	那	〃	志	〃	拍	〃
有	〃	仲	〃	臣	222	決	〃	別	〃	抗	〃	戒	〃	乳	〃
名	〃	寺	〃	守	〃	形	〃	忍	〃	改	〃	角	〃	忠	〃
休	〃	考	〃	江	〃	良	58	佛	94	沙	〃	投	〃	育	60
先	〃	肉	〃	兆	224	私	〃	壯	〃	更	〃			長	〃
收	〃	任	92	宅	〃	告	〃	局	〃	尾	224	8획		協	〃
西	〃	衣	〃	污	〃	君	〃	赤	〃	坐	〃			松	62
合	〃	刑	〃	池	〃	兵	〃	床	132	似	〃	物	32	非	〃
充	56	字	〃	旬	〃	序	〃	究	〃	快	〃	往	〃	兒	62
竹	〃	全	〃	米	〃	沐	〃	含	〃	冷	〃	刻	34	事	〃
耳	〃	好	130	回	〃	災	60	困	〃	扶	226	金	〃	空	〃
行	〃	早	〃	至	〃	材	〃	技	134	妨	〃	明	〃	到	〃
向	〃	吉	132			成	〃	免	〃	步	〃	命	〃	板	〃
		忙	〃	7획		車	〃	兎	〃	伯	〃	房	〃	使	〃
		存	〃	見	30	束	〃	肖	〃	位	〃	知	〃	和	94
												幸	〃		

枕 94	定 136	岸 180	京 230	建 64	待 98	卽 232	馬 66
奉 〃	舍 〃	妻 〃	宜 〃	秋 〃	研 138	厚 〃	病 68
念 〃	拘 〃	抵 〃	尙 232	室 〃	持 〃	律 〃	院 〃
店 〃	拙 〃	花 〃	**9획**	品 66	指 〃	柔 〃	料 〃
果 〃	表 〃	近 〃	苦 36	要 〃	洗 〃	係 〃	浴 〃
味 〃	屈 〃	垈 〃	活 〃	約 〃	述 〃	洞 〃	秩 〃
服 〃	昏 176	拉 228	前 〃	相 〃	屛 〃	紀 〃	班 〃
辛 96	其 〃	亞 〃	後 〃	契 〃	計 〃	則 〃	悔 〃
泊 〃	門 〃	兩 〃	南 〃	度 〃	息 180	音 〃	原 〃
招 〃	油 〃	雨 〃	春 62	急 〃	信 〃	勇 〃	時 〃
狀 〃	季 178	杯 〃	是 〃	者 96	施 〃	姿 〃	退 〃
卓 〃	怪 〃	承 〃	昨 〃	怒 〃	降 〃	限 234	校 〃
法 134	肯 〃	依 230	美 〃	食 〃	負 182	拾 〃	託 98
官 〃	岳 〃	治 〃	風 64	英 〃	勉 〃	客 〃	益 〃
易 〃	版 〃	性 〃	俗 〃	耐 〃	派 〃	便 〃	神 〃
呼 〃	社 〃	叔 〃	重 〃	界 〃	促 〃	段 〃	害 〃
受 〃	泳 〃	居 〃	省 〃	軍 98	首 〃	**10획**	起 〃
取 〃	抱 〃	靑 〃	計 〃	査 〃	思 〃	紙 36	衰 〃
拂 136	夜 〃	委 〃	面 〃	枯 〃	革 〃	夏 66	高 100
肥 〃	周 〃	刷 〃	屋 〃	科 〃	政 〃	家 〃	記 〃
爭 〃	祀 〃	姑 〃	泉 〃	故 〃	怨 〃	師 〃	消 〃
底 〃	拒 〃	例 〃	看 〃	炭 〃	突 〃	能 〃	息 〃
注 〃	沿 180	的 〃	〃	洋 〃	拷 〃	〃	差 〃

員 100	航 140	殺 184	理 70	連 106	陳 146	啓 188	基 238
書 〃	栽 〃	破 〃	旣 102	商 〃	販 〃	唯 〃	脫 〃
倉 〃	浸 〃	捕 〃	移 〃	通 〃	船 〃	透 〃	票 〃
庫 〃	泰 〃	修 234	異 〃	宿 〃	術 〃	掠 〃	側 〃
乘 〃	紛 〃	耕 〃	魚 〃	麥 〃	豚 〃	貪 〃	産 〃
訓 〃	俸 〃	祝 〃	途 〃	問 142	率 〃	貫 〃	強 240
釜 〃	疲 142	眞 〃	貧 〃	訪 〃	蛇 〃	排 〃	帶 〃
剛 102	海 〃	旅 〃	鳥 〃	第 〃	庸 〃	陷 〃	彫 〃
氣 〃	租 〃	祖 〃	望 104	授 〃	涯 〃	略 〃	
缺 〃	除 〃	郡 〃	國 〃	規 〃	淨 〃	陸 〃	12획
席 〃	射 〃	孫 236	習 〃	健 144	徒 〃	將 236	
酒 〃	恭 〃	祕 〃	帳 〃	康 〃	從 186	雪 〃	稅 70
徑 138	脈 〃	城 〃	淸 〃	培 〃	陰 〃	得 〃	發 〃
郎 〃	流 182	效 〃	掃 〃	貨 〃	專 〃	混 〃	着 〃
骨 〃	送 184	借 〃	動 〃	探 〃	患 〃	彩 〃	順 〃
逃 〃	根 〃	弱 〃	責 〃	累 〃	逢 〃	野 〃	短 〃
格 〃	笑 〃		球 〃	庶 〃	晝 〃	處 238	番 72
容 140	値 〃	11획	許 〃	務 〃	祭 〃	堂 〃	童 〃
恕 〃	涉 〃		婚 〃	接 〃	採 〃	戚 〃	溫 106
座 〃	鬼 〃	常 70	紹 〃	敗 〃	副 〃	偶 〃	答 〃
庭 〃	配 〃	敎 〃	偉 106	做 〃	笛 〃	寄 〃	問 〃
辱 〃	級 〃	荷 〃	現 〃	崇 〃	細 〃	區 〃	盛 〃
候 〃	致 〃	族 〃	部 〃	訟 146	停 〃	域 〃	週 〃
		終 〃					買 108

場 108	勞 150	就 190	晴 240	萬 108	暇 154	葬 198	壽 154
統 〃	雲 〃	圍 〃	貸 〃	道 〃	裏 〃	著 〃	夢 〃
雄 〃	惠 〃	裁 〃	菜 〃	損 〃	歲 〃	詳 〃	聞 〃
富 〃	寒 〃	評 192	堤 〃	會 110	傳 〃	遊 〃	精 〃
隊 〃	街 〃	備 〃	景 〃	話 〃	滅 〃	搖 〃	墓 〃
結 〃	策 〃	提 〃	期 〃	賃 〃	勤 〃	愁 〃	漁 〃
貯 〃	閑 〃	換 〃	等 〃	路 〃	當 〃	獅 194	算 〃
絡 〃	量 〃	揮 〃	善 〃	較 〃	意 196	經 〃	旗 〃
植 〃	逸 〃	尊 〃	惡 〃	鄉 〃	群 〃	遇 242	屢 〃
菓 〃	湯 〃	都 〃	最 242	電 〃	勢 〃	運 〃	漂 〃
程 148	傑 〃	媒 〃	貿 〃	業 〃	該 〃	債 〃	禍 156
訴 〃	喜 152	詐 〃	畫 〃	過 〃	資 〃	愛 〃	盡 200
單 〃	黃 188	超 〃	黑 〃	落 152	解 〃	搬 244	境 〃
無 〃	虛 〃	欺 〃	愉 〃	葉 〃	罪 〃	**14획**	疑 〃
集 〃	筆 〃	裂 〃	搜 〃	誇 〃	睦 〃	福 72	輕 〃
陽 〃	硯 〃	隆 194	註 〃	義 〃	督 〃	說 〃	察 〃
勝 〃	須 190	報 〃	**13획**	農 〃	感 〃	銀 〃	署 〃
揚 〃	粧 〃	貴 〃	試 72	新 〃	達 198	誠 〃	蓄 〃
援 〃	視 〃	帽 〃	禁 〃	募 〃	園 〃	漢 112	遣 〃
殘 〃	普 〃	貫 〃	達 〃	飲 〃	想 〃	罰 〃	漠 〃
費 〃	割 〃	握 〃	嫁 〃	敬 〃	準 〃	語 〃	蒙 〃
掌 〃	智 〃	竣 〃	煉 108	暗 〃	催 〃	實 〃	維 〃
給 150	衆 〃	診 〃		暖 〃	幹 〃		銃 〃

寢 202	慾 112	緣 204	範 248	繁 206	霜 252	簿 256	
誘 〃	箱 〃	暫 〃	確 〃	遺 〃	療 〃	藥 〃	
奪 〃	數 156	賤 〃	締 〃	憾 〃	檢 〃	證 〃	
榮 〃	課 〃	徹 〃	鋪 〃	選 250	優 〃	願 〃	
演 〃	價 〃	衝 〃	誼 〃	燈 〃	濯 254	蹟 〃	
慘 〃	賞 〃	穀 〃	撤 〃	遲 〃	館 〃		
對 244	踐 〃	儀 246	褒 250	親 〃	講 〃	**20획**	
寧 〃	質 〃	儉 〃	閱 〃	頭 〃	購 〃		
緊 〃	調 〃	潔 〃	震 〃	螢 〃	贖 〃	警 256	
貌 〃	廣 〃	慶 〃		激 〃			
寫 〃	概 〃	稿 〃	**16획**	諾 〃	**18획**	**21획**	
團 〃	樂 202	盧 〃		奮 〃			
幕 〃	墨 〃	寫 〃	學 72	導 〃	舊 254	鐵 112	
裳 〃	窮 〃	論 〃	錢 156	輸 252	禮 〃	鶴 256	
誦 〃	劇 〃	履 〃	築 〃	歷 〃	擧 〃		
態 〃	諒 〃	賦 〃	戰 206	積 〃	額 〃	**22획**	
像 〃	隣 〃	輩 〃	豫 〃	憶 〃	題 〃	權 256	
綜 〃	模 204	審 〃	獨 〃	遵 〃	曜 〃	讀 256	
	樣 〃	慰 248	機 〃	賴 〃			
15획	髮 〃	增 〃	據 〃	整 〃	**19획**	**23획**	
	膚 〃	徵 〃	憩 〃	錄 〃		體 72	
節 112	墳 〃	趣 〃	橋 〃		贊 112		
賣 〃	影 〃	標 〃	擔 〃	**17획**	關 254	**24획**	
請 〃			謂 〃		難 256	觀 256	
熱 〃					類 〃		

자음(字音) 찾기 (1,008자)

〔가〕	甲 88	據 206	遣 200	契 66	穀 204	〔관〕	求 92
加 56	〔강〕	居 230	〔결〕	界 96	〔곤〕	官 134	球 104
家 66	剛 102	擧 254	決 32	季 178	困 132	貫 188	究 132
嫁 72	康 144	〔건〕	缺 102	啓 188	〔골〕	館 254	拘 136
可 88	降 180	巾 22	結 108	戒 228	骨 138	關 254	久 172
街 150	江 222	件 58	潔 246	係 232	〔공〕	觀 256	區 238
暇 154	強 240	建 64	〔경〕	〔고〕	工 22	〔광〕	購 254
價 156	講 254	健 144	徑 138	苦 36	公 24	廣 156	舊 〃
〔각〕	〔개〕	〔걸〕	敬 152	告 58	共 28	光 174	〔국〕
刻 34	介 88	傑 150	更 176	考 90	功 54	〔괴〕	局 94
角 228	概 156	〔검〕	境 200	枯 98	空 62	怪 178	國 104
〔간〕	改 176	儉 246	輕 〃	故 98	恭 142	〔교〕	〔군〕
看 64	〔객〕	檢 252	京 230	高 100	孔 172	校 68	君 58
間 106	客 234	〔게〕	耕 234	庫 〃	〔과〕	敎 70	軍 96
幹 198	〔갱〕	憩 206	景 240	古 174	果 94	較 110	群 196
〔감〕	更 176	〔격〕	經 242	拷 182	科 98	交 132	郡 234
甘 130	〔거〕	格 138	慶 246	姑 230	菓 108	橋 206	〔굴〕
感 196	車 60	激 250	警 256	稿 246	過 110	〔구〕	屈 136
憾 206	去 130	〔견〕	〔계〕	〔곡〕	誇 152	九 20	〔궁〕
〔갑〕	拒 178	見 30	計 64	告 58	課 156	口 22	弓 172

284

窮 202	〔급〕	〔긴〕	年 30	擔 206	逃 138	得 236	兩 228
〔권〕	急 66	緊 244	〔념〕	〔답〕	都 192	〔등〕	〔려〕
權 256	及 128	〔길〕	念 94	答 106	導 250	等 240	旅 234
〔귀〕	給 150	吉 132	〔녕〕	〔당〕	〔독〕	燈 250	慮 246
鬼 184	級 184	〔김〕	寧 244	當 196	督 196	〔락〕	〔력〕
貴 194	〔긍〕	金 34	〔노〕	堂 238	獨 206	絡 108	力 20
〔규〕	肯 178	〔나〕	努 32	〔대〕	讀 256	落 152	歷 252
規 142	〔기〕	那 176	怒 96	大 20	〔돈〕	樂 202	〔련〕
〔균〕	己 22	〔낙〕	〔농〕	代 54	豚 146	〔랍〕	連 106
均 60	汽 60	諾 250	農 152	待 98	〔돌〕	拉 180	煉 108
〔극〕	起 98	〔난〕	〔능〕	隊 108	突 182	〔랑〕	〔렬〕
克 60	記 100	暖 152	能 66	岱 180	〔동〕	郎 138	列 58
劇 202	氣 102	難 256	〔다〕	帶 240	東 34	〔래〕	裂 192
〔근〕	旣 〃	〔남〕	多 30	貸 〃	冬 56	來 36	〔령〕
近 180	技 134	男 30	〔단〕	對 244	童 72	〔랭〕	令 88
根 184	旗 154	南 36	短 70	〔댁〕	同 90	冷 226	〔례〕
勤 194	其 176	〔내〕	丹 130	宅 224	動 104	〔략〕	例 230
〔글〕	欺 192	乃 52	單 148	〔도〕	洞 232	掠 188	禮 254
契 66	機 206	內 〃	段 234	到 62	〔두〕	略 〃	〔로〕
〔금〕	紀 232	耐 96	團 244	度 66	斗 26	〔량〕	老 28
金 34	寄 238	〔녀〕	〔달〕	途 102	頭 250	良 58	路 110
今 52	基 〃	女 20	達 72	道 110	讀 256	量 150	勞 150
禁 72	期 240	〔년〕	〔담〕	刀 128	〔득〕	諒 202	〔록〕

자음(字音) 찾기 285

錄 252	〔리〕	忙 132	募 152	聞 154	髮 204	罰 112	伏 174
〔론〕	理 70	〔매〕	帽 194	門 176	〔방〕	〔범〕	〔본〕
論 246	利 92	每 32	模 204	〔물〕	房 34	凡 52	本 90
〔뢰〕	吏 132	妹 34	貌 244	物 32	方 52	犯 174	〔봉〕
賴 252	裏 154	買 108	〔목〕	勿 222	訪 142	範 248	奉 94
〔료〕	里 226	賣 112	木 52	〔미〕	防 176	〔법〕	俸 140
了 20	履 246	媒 192	沐 58	美 62	妨 226	法 134	逢 186
料 68	〔린〕	〔맥〕	目 90	味 94	〔배〕	〔변〕	〔부〕
療 252	隣 202	麥 106	睦 196	未 222	北 28	便 234	父 24
〔루〕	〔립〕	脈 142	〔몽〕	米 224	培 144	〔별〕	不 〃
累 144	立 56	〔면〕	夢 154	尾 〃	配 184	別 92	夫 26
屢 154	〔마〕	面 64	蒙 200	〔민〕	排 188	〔병〕	付 54
〔류〕	馬 66	免 134	〔묘〕	民 222	杯 228	兵 58	否 92
流 182	〔막〕	勉 182	墓 154	〔박〕	輩 246	病 68	釜 100
類 256	漠 200	〔멸〕	〔무〕	拍 36	〔백〕	丙 90	部 106
〔륙〕	幕 244	滅 194	務 144	泊 96	百 58	屛 138	富 108
六 172	〔만〕	〔명〕	無 148	〔반〕	白 174	〔보〕	計 138
陸 188	萬 110	名 30	貿 242	反 52	伯 226	普 190	負 182
〔률〕	〔말〕	明 34	〔묵〕	班 68	〔번〕	報 194	副 186
率 146	末 56	命 〃	墨 202	半 88	番 70	步 226	膚 204
律 232	〔망〕	〔모〕	〔문〕	搬 244	繁 206	〔복〕	扶 226
〔륭〕	望 104	毛 24	文 24	〔발〕	〔벌〕	福 72	賦 246
隆 194	亡 128	母 26	問 142	發 70	伐 58	服 94	贍 254

簿 256	〔사〕	寫 246	裳 244	善 240	歲 194	送 184	〔숙〕
〔북〕	四 28	〔삭〕	像 244	選 250	勢 196	誦 244	宿 106
北 28	死 〃	數 156	霜 252	〔설〕	〔소〕	〔쇄〕	叔 230
〔분〕	私 58	〔산〕	〔색〕	說 72	小 22	殺 184	〔순〕
分 24	事 62	山 88	色 28	雪 236	少 〃	刷 230	順 70
紛 140	使 〃	算 154	〔생〕	〔섭〕	所 36	〔쇠〕	巡 174
墳 204	師 66	産 238	生 26	葉 152	消 100	衰 98	旬 224
奮 250	士 88	〔살〕	省 64	涉 184	掃 104	〔수〕	〔술〕
〔불〕	仕 90	殺 184	〔서〕	〔성〕	紹 〃	手 26	述 138
不 24	寺 〃	〔삼〕	西 30	姓 34	召 130	收 30	術 146
佛 94	査 98	三 20	序 58	成 60	訴 148	水 128	〔숭〕
拂 136	舍 136	〔상〕	書 100	省 64	笑 184	受 134	崇 144
〔비〕	射 142	上 22	恕 140	誠 72	〔속〕	授 142	〔습〕
非 62	蛇 146	相 66	庶 144	盛 106	束 60	壽 154	習 104
比 88	徒 〃	常 70	署 200	性 230	俗 64	數 156	拾 234
否 92	沙 176	狀 96	〔석〕	城 236	〔손〕	秀 174	〔승〕
妃 132	社 178	商 106	石 88	〔세〕	損 110	首 182	升 26
肥 136	祀 〃	箱 112	席 102	世 54	孫 236	須 190	乘 100
費 148	思 182	床 132	夕 172	稅 70	〔솔〕	愁 198	勝 148
備 192	詐 192	賞 156	〔선〕	說 72	率 146	守 222	承 228
祕 236	獅 198	想 198	先 30	洗 138	〔송〕	修 234	〔시〕
〔빈〕	史 222	詳 〃	仙 130	細 186	松 62	搜 242	始 34
貧 102	似 224	尙 232	船 146	貰 194	訟 146	輸 252	是 62

時 68	失 130	涯 146	〔언〕	〔엽〕	〔왕〕	雨 228	違 196
試 72	〔심〕	愛 242	言 32	葉 152	往 32	偶 238	謂 206
市 90	心 24	〔액〕	〔업〕	〔영〕	王 130	遇 242	位 226
施 180	審 246	額 254	業 110	永 56	〔외〕	優 252	委 230
視 190	〔십〕	〔야〕	〔여〕	英 96	外 54	〔운〕	慰 248
示 222	十 20	也 128	如 132	泳 178	〔요〕	雲 150	〔유〕
〔씨〕	拾 234	夜 178	余 176	榮 202	要 66	運 242	由 26
氏 172	〔아〕	野 236	〔역〕	影 204	搖 198	〔웅〕	有 30
〔식〕	兒 62	〔약〕	亦 132	曜 254	〔욕〕	雄 108	乳 36
式 56	亞 228	約 66	易 134	豫 206	浴 68	〔원〕	油 176
食 96	〔악〕	弱 236	役 228	〔오〕	慾 112	院 68	唯 188
息 100	岳 178	藥 256	域 238	午 26	辱 140	原 〃	遊 198
植 108	握 194	〔양〕	〔연〕	五 52	〔용〕	員 100	維 200
〔신〕	樂 202	洋 98	研 138	汚 224	用 56	援 148	誘 202
申 54	惡 240	陽 148	沿 180	惡 240	容 140	元 172	遺 206
神 98	〔안〕	揚 〃	硯 190	〔옥〕	庸 146	怨 182	幼 222
新 152	安 56	樣 204	演 202	屋 64	勇 232	園 198	柔 232
信 180	岸 180	〔어〕	緣 204	〔온〕	〔우〕	願 256	愉 242
臣 222	〔암〕	魚 102	延 226	溫 72	牛 24	〔월〕	〔육〕
身 226	暗 152	語 112	〔열〕	〔완〕	友 〃	月 172	育 60
〔실〕	〔앙〕	漁 154	說 72	完 32	右 26	〔위〕	肉 90
室 64	央 28	〔억〕	熱 112	〔왈〕	于 172	偉 106	〔은〕
實 112	〔애〕	憶 252	閱 248	曰 88		圍 190	銀 72

〔을〕	易 134	字 92	才 22	電 110	〔제〕	〔졸〕	〔죽〕
乙 88	〔익〕	者 96	在 28	錢 156	弟 32	卒 96	竹 56
〔음〕	益 98	資 196	災 60	專 186	除 142	拙 136	〔준〕
飮 152	〔인〕	姿 232	材 〃	傳 194	第 〃	〔종〕	竣 194
陰 186	人 20	〔작〕	再 90	戰 206	祭 186	終 70	準 198
音 232	因 58	作 32	栽 140	〔절〕	提 192	從 186	遵 252
〔읍〕	忍 92	昨 62	裁 190	節 112	堤 240	綜 244	〔중〕
邑 226	仁 130	〔잔〕	〔쟁〕	〔점〕	題 254	〔좌〕	中 24
〔의〕	引 172	殘 148	爭 136	店 94	〔조〕	左 26	重 64
衣 92	印 174	〔잠〕	〔저〕	〔접〕	助 60	座 140	仲 90
義 152	〔일〕	暫 204	貯 108	接 144	鳥 102	坐 224	衆 190
意 196	一 20	〔장〕	底 136	〔정〕	弔 128	〔죄〕	〔즉〕
疑 200	日 22	丈 22	低 176	正 28	早 130	罪 196	則 232
依 228	逸 150	長 60	抵 180	丁 128	租 142	〔주〕	卽 〃
宜 230	〔임〕	壯 94	著 198	定 136	調 156	住 32	〔증〕
儀 246	任 92	狀 96	〔적〕	庭 140	兆 224	酒 102	增 248
誼 248	賃 110	帳 104	赤 94	淨 146	祖 234	週 106	證 256
〔이〕	〔입〕	場 108	笛 186	程 148	彫 240	注 136	〔지〕
二 20	入 20	掌 148	的 230	精 154	〔족〕	做 144	之 24
以 54	〔자〕	粧 190	積 252	政 182	族 70	周 178	止 26
耳 56	子 22	葬 198	〔전〕	停 186	〔존〕	晝 186	地 30
移 102	自 28	將 236	前 36	井 222	存 132	主 222	知 34
異 〃	姉 34	〔재〕	全 92	整 252	尊 192	註 242	紙 36

只 54	徵 248	〔책〕	淸 104	〔추〕	致 184	〔탈〕	退 68
支 88	〔차〕	冊 54	請 112	秋 64	治 230	奪 202	〔투〕
持 138	車 60	責 104	靑 230	〔축〕	〔칙〕	脫 238	透 188
指 ″	差 100	策 150	晴 240	築 156	則 232	〔탐〕	投 228
智 190	次 174	〔처〕	〔체〕	蓄 200	〔친〕	探 144	〔파〕
池 224	借 236	妻 180	體 72	祝 234	親 250	貪 188	派 182
至 ″	〔착〕	處 238	締 248	蹴 256	〔칠〕	〔탕〕	破 184
志 228	着 70	〔척〕	〔초〕	〔춘〕	七 52	湯 150	〔판〕
遲 250	著 198	尺 128	初 92	春 62	〔침〕	〔태〕	板 62
〔직〕	〔찬〕	斥 174	招 96	〔출〕	枕 94	太 128	販 146
直 36	贊 112	戚 238	肖 134	出 28	浸 140	泰 140	判 176
〔진〕	〔찰〕	〔천〕	超 192	〔충〕	寢 202	怠 180	版 178
陳 146	札 90	千 20	抄 228	忠 36	〔쾌〕	態 244	〔팔〕
診 194	察 200	天 24	〔촉〕	充 54	快 224	〔택〕	八 52
盡 200	〔참〕	泉 64	促 182	衝 204	〔타〕	宅 224	〔패〕
眞 234	慘 202	川 128	〔촌〕	〔취〕	妥 226	〔토〕	敗 144
震 250	〔창〕	踐 156	寸 172	取 134	〔탁〕	土 128	〔편〕
〔질〕	倉 100	賤 204	村 226	就 190	度 66	兎 134	片 26
秩 68	〔채〕	〔철〕	〔총〕	趣 248	託 68	〔통〕	便 234
質 156	採 186	鐵 112	銃 200	〔측〕	卓 96	通 106	〔평〕
〔집〕	彩 236	徹 204	〔최〕	側 238	濯 254	統 108	平 54
集 148	菜 240	撤 248	催 198	〔치〕	〔탄〕	洞 232	評 192
〔징〕	債 242	〔청〕	最 242	値 184	炭 98	〔퇴〕	〔포〕

包 130	荷 70	害 98	刑 92	禍 156	〔후〕
抱 178	何 134	海 142	亨 134	化 172	後 36
捕 184	〔학〕	該 196	螢 250	花 180	候 140
鋪 248	學 72	解 〃	〔혜〕	畵 242	厚 232
褒 250	鶴 256	〔행〕	惠 150	〔확〕	〔훈〕
〔표〕	〔한〕	幸 34	〔호〕	確 248	訓 100
表 136	漢 112	行 56	互 52	〔환〕	〔휘〕
漂 154	寒 150	〔향〕	好 130	患 186	揮 192
票 238	閑 〃	向 56	呼 134	換 192	〔휴〕
標 248	限 234	鄕 110	戶 174	丸 222	休 30
〔품〕	〔할〕	〔허〕	〔혼〕	〔활〕	〔흉〕
品 66	割 190	許 104	婚 104	活 36	凶 128
〔풍〕	〔함〕	虛 188	昏 136	〔황〕	〔흑〕
風 64	含 132	〔혁〕	混 236	黃 188	黑 242
〔피〕	陷 188	革 182	〔홉〕	〔회〕	〔희〕
疲 142	〔합〕	〔현〕	合 30	悔 68	希 92
皮 174	合 30	見 30	〔홍〕	會 110	喜 152
〔필〕	〔항〕	現 106	弘 130	回 224	
必 54	行 56	〔협〕	〔화〕	〔획〕	
筆 190	航 140	協 60	火 52	畫 242	
〔하〕	抗 176	〔형〕	和 94	〔효〕	
下 22	降 180	兄 28	話 110	孝 32	
夏 66	〔해〕	形 32	貨 144	效 236	

자음(字音) 찾기　291

중요한 부수(部首)

○ 부수 : 사전에서 글자를 찾는 길잡이 역할을 하는 기호

①	人 亻	사람인변	仁 仕 代		⑳	木	나무목변	本 札 未
②	刀 刂	칼도변	分 切 刑		㉑	火 灬	불화변	灰 炭 無
③	口	입구변	古 句 可		㉒	方	모방변	於 施 族
④	囗	큰입구변	四 囚 因		㉓	止	그칠지변	正 步 武
⑤	土	흙토변	在 圭 地		㉔	目	눈목변	直 相 看
⑥	女	계집녀변	如 好 妹		㉕	石	돌석변	砂 砲 研
⑦	广	엄호변	床 店 府		㉖	示 礻	보일시변	社 祀 禮
⑧	宀	갓머리변	宇 宅 安		㉗	禾	벼화변	私 和 季
⑨	彳	두인변	行 役 後		㉘	衣 衤	옷의변	表 裁 被
⑩	巾	수건건변	布 市 希		㉙	竹	대죽변	符 等 答
⑪	山	뫼산변	岳 岩 岸		㉚	米	쌀미변	粉 粧 精
⑫	阝邑(우)	고을읍변	邦 邱 部		㉛	糸	실사변	系 約 級
⑬	阝阜(좌)	언덕구변	防 限 院		㉜	肉 月	육달월변	肖 肝 育
⑭	心 忄	마음심변	必 忠 忙		㉝	艸 艹	초두변	花 英 草
⑮	手 扌	손수변	打 抄 承		㉞	言	말씀언변	計 記 許
⑯	水 氵	물수(삼수)	氷 永 江		㉟	辵 辶	책받침변	返 近 送
⑰	犬 犭	개견변	犯 狀 狩		㊱	金	쇠금변	針 釜 銀
⑱	日	날일변	旦 旨 早		㊲	門	문문변	問 開 間
⑲	月	달월변	有 朝 期		㊳	雨	비우변	雪 雲 電

한자의 정자(正字)와 약자(略字)

한자는 글자 수가 많고, 또 획이 복잡하여 쉽게 배우고 쓰기가 어렵다. 그리하여 복잡한 획을 줄여서 쓰는 경우가 있는데, 이것이 정자에 대한 약자이다. 원래 중국에서는 반자(半字)라고 했었는데 요즈음에는 간자(簡字)라 하여 정자의 한쪽 부수라든가 한쪽 끝만을 사용하고 있다.

● 흔히 쓰이는 약자

價〔값 **가**〕→価	讀〔읽을 **독**〕→読	藥〔약 **약**〕→薬
擧〔들 **거**〕→挙	獨〔홀로 **독**〕→独	榮〔영화 **영**〕→栄
輕〔가벼울 **경**〕→軽	樂〔즐길 **락**, 풍류 **악**〕→楽	圍〔둘레 **위**〕→囲
經〔경서 **경**〕→経		殘〔남을 **잔**〕→残
徑〔지름길 **경**〕→径	來〔올 **래**〕→来	錢〔돈 **전**〕→銭
關〔관계할 **관**〕→関	兩〔두 **량**〕→両	傳〔전할 **전**〕→伝
觀〔볼 **관**〕→観	禮〔예도 **례**〕→礼	證〔증거 **증**〕→証
館〔집 **관**〕→舘	勞〔수고할 **로**〕→労	盡〔다할 **진**〕→尽
廣〔넓을 **광**〕→広	萬〔일만 **만**〕→万	贊〔도울 **찬**〕→賛
區〔갈피 **구**〕→区	發〔일어날 **발**〕→発	處〔곳 **처**〕→処
舊〔예 **구**〕→旧	佛〔부처 **불**〕→仏	賤〔천할 **천**〕→賎
國〔나라 **국**〕→国	寫〔베낄 **사**〕→写	鐵〔쇠 **철**〕→鉄
權〔권세 **권**〕→権	壽〔목숨 **수**〕→寿	體〔몸 **체**〕→体
氣〔기운 **기**〕→気	數〔셈 **수**〕→数	學〔배울 **학**〕→学
團〔둥글 **단**〕→団	實〔열매 **실**〕→実	解〔풀 **해**〕→解
擔〔맡을 **담**〕→担	亞〔버금 **아**〕→亜	虛〔빌 **허**〕→虚
對〔대답할 **대**〕→対	兒〔아이 **아**〕→児	畫〔그림 **화**〕→画
帶〔띠 **대**〕→帯	惡〔악할 **악**〕→悪	會〔모일 **회**〕→会

3박자 갖춘 새 가정학습법 공개

〈자! 우리 함께 시작해요, 주부님들의 국민운동 적극 전개〉

3박자 ┌ ① 가정학습 추진   (초등학교 어린이 대상)
       ├ ② 과외 안하기(생활개혁) **새 가정학습법**
       └ ③ 어머니가 가정교사   (학교 성적 상위권으로)

– 자녀 대신 어머님이 직접 학원 과외 수강, 가정에서 자녀 지도

요즈음 고액 과외 단속, 과외 신고제 등 국내적으로 갈팡질팡 논란이 되고 있는데 만약 필자가 '1일 대통령제'에 취임한다고 가정한다면 우선 선진국에 근접한 입시제도의 문제점부터 해결하여 우리나라의 망국병을 치료하고자 한다.

우선 공교육을 살리는 방도를 연구 검토케 하고 먼저 교사의 대우와 교사의 질을 높이는 데 역점을 두고, 평소 **과외의 원흉인 수능시험부터 곧 폐지케** 하고, 대학 입시는 **학교 내신(학생부) 성적으로 학생을 선발케** 하면 과외는 완전히 없어지게 되리라고 본다.

물론 이에 수반되는 애로점은 그에 대한 보완책을 강구하면 될 것이다. 따라서 대학에서는 면접 구술시험을 강화하되 추천서는 치맛바람이 우려되므로 금지한다. 이와 같은 개혁을 한다면 입시 판도의 변화로 망국병인 과외는 자연히 없어지리라고 사료된다.

몇년 전에 일어난 **박한상 살인사건**을 기억하시는지요? 그의 부모는 아들을 유치원에서부터 중등학교까지 줄곧 과외를 시켰다. 그리고 미국으로 유학을 보낸 후 정기적으로 송금을 했는데, 아들은 과소

비로 인하여 여러 번 송금 독촉을 했다. 이에 화가 난 부모는 유학은 포기하고 귀국하라는 지시를 하였다. 그는 며칠 후에 귀국하자 부모를 흉기로 찔러 사망케 한 끔찍한 살인사건을 저질렀다.

생각컨대 평소 인성교육을 소홀히 한 가정교육의 부재로 인한 대사건임을 우리는 분석하게 되는 것이다.

이와 같은 불상사의 미연 방지책으로 이제부터는 어머님께서 생활개혁의 차원에서 자녀 대신 직접 학원에서 배우고, 그 내용을 가정교사의 위치에서 자녀에게 지도하는 것이 올바른 가정교육이라고 본다. 따라서 앞으로 가정교육의 활성화에 다같이 연구 검토가 되어야 할 것으로 사료되는 것이다.

사전 준비 : 가정교육 실시에 앞서 먼저 주부님께서는 컴퓨터와 인터넷 방송 시설을 설치해야 하는데 갑자기 목돈으로 구입하실 필요는 없고, 가까운 우체국에서 국민 컴퓨터 적금을 이용(신청)하시면 손쉽게 구입한다고 한다.

우리말의 70%가 한자어로 되어 있는 만큼, 자녀가 학교에서 귀가하면 먼저 어머니와 함께 **기본 생활한자** 공부를 하루에 30분 정도 부담없이 실시함으로써, 우리말을 구사하는 데 많은 도움이 될 것으로 믿는다. 또한 부수적으로 각자 삶의 질을 높이기 위한 생활수단으로 영어학습 및 컴퓨터(인터넷 이용) 학습도 겸하여 매일 조금씩 어머니로부터 지도받는다.

더불어 이를 전인교육으로 발전시켜 평소 인성교육을 강화하여 **효도정신을 배양**케 함으로써 **옛 선비정신**을 두루 갖춘 씩씩하고 올바른 한국인으로 먼저 육성케 하는 것이 급선무라고 생각된다. 앞으로 **3박자 갖춘 새 가정학습법**이 널리 보급됨으로써, 평화롭고 사랑이 넘치는 화목한 가정을 이룩하여, 다시는 이 땅에서 살인사건 같은 불상사가 발생하는 일이 없기를 우리 모두 다같이 기원하고자 한다.

基本生活漢字

초판 발행●2000년	8월 26일
재판 발행●2001년	8월 25일

엮은이●최 수 도
발행인●김 동 구
발행처●명 문 당
　　　서울특별시 종로구 안국동 17~8
　　　대체　010041-31-001194
　　　전화　(영) 733-3039, 734-4798
　　　　　　(편) 733-4748
　　　FAX 734-9209
　　　Homepage　www.myungmundang.net
　　　E-mail　　om@myungmundang.net
　　　등록　1977. 11. 19. 제1~148호

● 낙장 및 파본은 교환해 드립니다.
● 불허복제・판권 본사 소유.

값 12,000원
ISBN 89-7270-618-3 53720